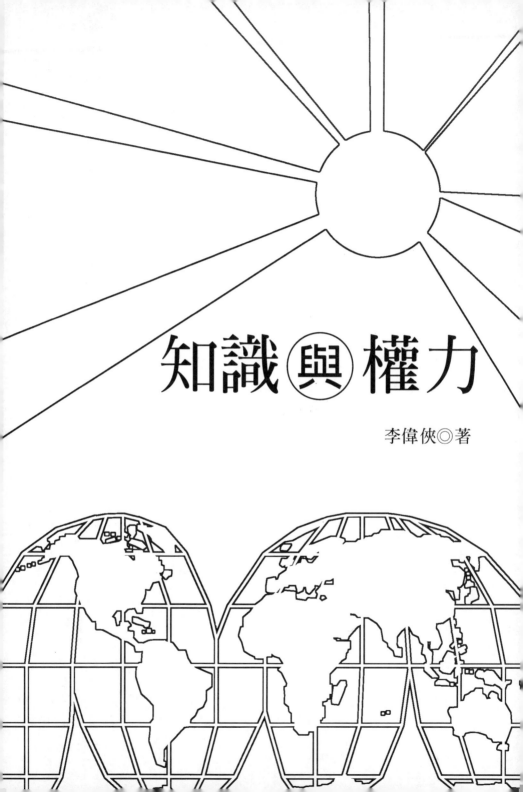

知識與權力

李偉俠◎著

叢書序

　　文化向來是政治學研究中為人忽略的課題，因為文化涉及主觀的價值與情感，它賦予人類為了因應特定時空所仰賴的主體意識，從而得以進行各種發展並創意調整，故與當代政治學追求跨越時空的行為法則，甚至企圖預測歷史進程的必然途徑，可說是南轅北轍的思惟模式。正因為如此，西方主流政治學的研究議程中，存在著對文化的展開起封閉凝固作用的知識論，當這個議程經由近二十年來留學西方的學者帶回國內之後，也已經對在地政治知識的追求產生封鎖的效果。

　　在這樣的知識社會學背景之下，「知識政治與文化」系列推出了，這乃是揚智文化盡其心力，回歸在地的勇敢表現，不僅率出版界的先聲，向西方科學主義主宰的文化霸權宣告脫離，更也有助於開拓本土的知識視野，為在地文化的不受主導做出見證。這個系列的誕生，呼喚著知識界，共同來發揮創意的精神，釋放流動的能量，為邁進新世紀的政治學，注入人性與藝術的氣質。

　　「知識政治與文化」系列徵求具有批判精神的稿件，凡是能對主流政治學知識進行批判與反省的嘗試，尤其是作品能在歷史與文化脈絡當中，發掘出受到忽視的弱勢，或在主流論述霸權中，解析出潛藏的生機，都是系列作者群的盟友，敬請不吝加入這個系列。不論是知識界勇於反思的先進同仁，或亟思超越法則規範的初生之犢，都歡迎前來討論出版計畫；學位論文寫作者如懷有相關研究旨趣，歡迎在大綱階段便及早來函賜教。

　　我們期盼伴隨著系列一起成長，任由自己從巍峨皇殿的想像中覺醒，掀開精匠術語的包裝，認真傾聽，細心體會，享受驚奇，讓文化研究的氣息蔚然成風。

叢書主編

石之瑜

自 序

　　關於知識與權力的關係，是非常複雜且龐大的問題，本文算是一個頗不自量力的探索，不過我也很高興在寫完之後，還是能夠找到一個思考許多問題的立足之處。

　　初看這個題目，很容易讓人聯想到後現代主義，而後現代主義又讓人聯想到解構、批判甚至破壞。這個題目的確和後現代主義息息相關，但如果認為後現代主義的立場就是將權力和知識完全等同，則是低估了後現代主義的深度，也不是本文想要支持的論點。

　　後現代主義的產生和散播，有其背後的歷史條件和背景，尤其與歐洲的哲學思想，政治、社會、文化的變遷，以及西方資本主義高度發展在物質生活上造成的深刻衝擊密切相關，因此在瞭解他們對知識的反省的同時，有相當多特定的時空背景因素不能被忽略。如果直接從我們自身的文化背景去借用後現代主義來批判事情，很容易導致錯誤的結論。不過要在寫作過程中時時警惕這些問題並不太容易，畢竟我

們吸收的西方知識，和我們自己面對的生活與文化緊緊相依，要擺脫這些影響並不容易，而我也承認在我的書中多少會找到硬套西方標準的謬誤。

就整本書的論點來看，我相信權力對知識有一定的支配、形塑和傳播的作用，但也認同認識論在知識形成的過程中具有根深蒂固的力量，這兩種力量不是簡單的理性、非理性的二元對立就可以說明，因為如果僅用理性與非理性的尺度來看待知識與權力的關係，將很容易陷入各說各話的泥沼。我從傅柯、布爾迪厄和許多思想家那裡，援用他們的論點去深入討論這個問題。從他們的思想中我們可以知道，知識不是獨立在我們的生活之外的客觀實體，抽象的邏輯符號並不能表現真理，學院也不是知識的最主要來源，因為知識和生活是相互緊密糾纏的。如果我們欲使知識能夠改善我們的生活，不能只在學院中耕耘即可，也必須正視構成知識的各種力量和機制，承認那些宣稱客觀性的知識，在實踐的過程中，總是使某些人受益，也讓某些人犧牲，而且正是由各種利益和慾望交錯而成的複雜機制，在默默支撐著整個知識體系。

本文曾獲得教育部國家講座的獎助，這份獎助金讓我有

充分的資源做研究。在石之瑜老師的大力幫助下,這本書才能順利出版,而且石老師獨步學界的思想給了我很多啓發,從課堂、讀書會和許多討論中,我總是可以從中獲益,得到新的觀點,石老師給予我各方面的支持與鼓勵,我始終銘感腑內。在寫作的過程中,最要感謝的是我的父親,以及我生活中的伴侶、學術上的伙伴——群英。若沒有我父親的辛勞,我無法專注於我的興趣和研究,他對我各方面的扶持是我最大的支柱。和群英之間的討論讓我解開許多疑惑,在撰寫過程中她也替我分擔不少的煩悶,她細心的幫我修改,給我許多意見,她的敏銳思維總能適時的讓我找到新的思考方向,這本書是我和她共同完成的成果。文成、國璽、吉雄、樹山、冠頤、尚志等這些朋友很認真的給予我許多寶貴的評論和意見,我才能知道我所忽略的思考盲點,我非常感謝他們。朱雲漢老師、吳玉山老師、徐振國老師、蕭全政老師、黃競涓老師、林淑芬老師給予我很多重要的意見和批評,使我更謹慎、謙遜地面對我所寫出的東西,若將來我的思考和文字能更成熟,都得感謝這些老師和朋友。

另外由東華大學和教育部國家講座合辦的中國大陸研究方法的研習營中,我從許多學長姐的討論獲得很豐富的成果,這些收穫和我在本書中處理的議題息息相關,我很謝謝

登及、信賢、修倫、瓊萩、弘遠、中興這些學長姐和同學，能讓我從其他不同的角度重新審視自己的想法。最後要謝謝揚智文化黃美雯小姐和姚奉綺小姐的幫助與配合，這本書才得以順利出版。

目　錄

知識與權力

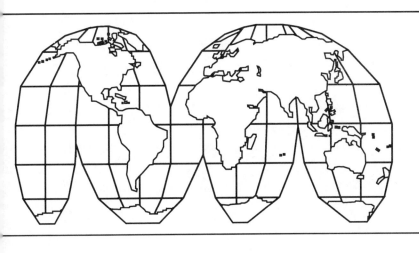

・第一章・

緒 論

1

第一節　研究目的與動機

　　在科學哲學領域中，「社會科學是否爲一種科學」、「社會科學與自然科學是否有本質上的區別」、「社會科學是否可使用和自然科學相同的方法」等議題，是自實證主義（positivism）發展以來一直被熱烈討論的問題[1]。作爲社會科學學門之一的政治科學，其知識型態自然深受這些爭論所影響。在二十世紀，從實證主義到後實證主義、後現代主義的發展中[2]，實證主義的批判者開始對追尋眞理和知識的方法，以及客觀知識的普遍性有深刻的反省。在認識論方面，他們懷疑是否存在一種精確方法，可以獲得或逼近客觀知識；在本體論上，則認爲知識的語言和理性基礎並不如實證主義所認爲的穩固。另外，後現代主義者認爲在知識生產的過程中，知識會因權力的滲透作用而扭曲[3]。簡單而言，社會科學的知識基礎正面臨解構性的批判，不過，也有一些社會科學家和哲學家正努力重建新的知識基礎。

　　實證主義認爲嚴謹的方法論是獲得客觀知識的基礎，但這種基礎在詮釋學、現象學、批判理論，以及後現代主義和

後結構主義等學派的挑戰之下，已經有越來越多的理論家對客觀知識充滿不信任感[4]。深受實證主義思潮影響的政治學，也同樣受到實證主義批判聲浪的衝擊，包括方法論、核心概念和學科領域都受到鬆動。例如，「權力」作爲政治學的核心概念，在後現代思潮中被賦予更強的生命力，使得「政治」幾乎無所不在；又如八○年代興起的「文化研究」[5]，使得政治的意義逐漸跨越主流政治學的範疇。此外，政治學雖然在方法論上逐漸發展出具體的規範，以達到「科學」的知識標準，但在後現代主義的衝擊下，支持客觀知識的基礎（方法論和認識論）和解構客觀知識的基礎（權力）之間呈現出緊繃的張力。也由於權力因素被帶進知識本質和方法的爭論，使得那些吸收西方知識、又反抗西方霸權的第三世界知識份子，對西方的政治反抗和知識反抗的立場，出現相互糾纏的現象[6]。

客觀知識的基礎和判準究竟存在與否，以及社會科學研究者面對知識的態度，深切影響到知識的實踐功能和意義。實證主義（或啓蒙理性的傳統）認爲通過人的理性思考以及精確的方法論工具便可以得到較爲客觀的知識[7]，且在研究對象的過程中，研究者處於客觀中立的位置，不滲入自身的價值判斷，是獲得客觀知識的充分條件。但若構成知識的基

礎是經由權力、政治乃至於社會文化的交錯影響，則各種知識都具有相對性，以致人們的政治共識和團結基礎也同樣失去根基。當不同種族、性別和階級的人們各自持有不同的理性和知識，相互對抗的時候，沒有更高層次的理性方法來證明誰是誰非；社會科學家也因為其生產的知識帶有政治性，而使得研究者之間理性論辯的基礎受到侵蝕。

　　本書從這個問題意識出發，探討權力運作的機制，以及強調可以獲得或逼近客觀知識的認識論，兩者會將知識的功能導向何方，認識論能削弱權力對知識的影響力，還是強化權力制約知識的力量。更重要的是，社會科學研究者要如何重新看待知識的意義、知識與政治的關係，以及是否有方法重建知識的客觀性。由於後現代主義對客觀知識的批判中，較偏重抽象的哲學層次，缺乏現實運作機制的探討[8]，故本書試圖從「權力──認識論」兩者的張力中，討論出知識生產的機制，以及從事社會科學研究的具體態度。總結來說，以下三點是本書主要的目的：

一、從實證主義到後實證主義、後現代主義的思潮轉變，說
　　明它們的知識立場為何，以及知識的意義發生何種變
　　化。

二、本書藉由整理傅柯和布爾迪厄對「知識──權力」關係
　　的論述，以及知識生產過程的分析，指出在知識生產過
　　程中，權力與認識論所發生的作用為何，並將兩人的觀
　　點相互分析對話，以更深入「知識──權力」的問題。

三、從以上的分析，討論我們在面對當今知識反抗與政治反
　　抗糾結的境況下，應採取何種認識論策略，以對抗權力
　　／知識對生活的扭曲，又能履行知識實踐的功能。

第二節　研究範圍與方法

　　首先必須說明本書「客觀知識的形塑脈絡──權力與認
識論的分析」，所要探討的範圍。這裡所指涉的「客觀知識」
是社會科學或人文科學的客觀知識。自然科學的方法論和認
識論雖然對社會科學的形塑有極大影響，但這裡僅會在有必
要提及的部分才提及自然科學的客觀知識。關於自然科學與
社會科學的本質是否相同的問題，本文所採取的是「反自然
主義」（anti-naturalism）的立場[9]，因文章本身的範圍和作者
能力有限，並不會觸碰到太多自然科學的部分。

　　不過必須提及的是，關於客觀知識的爭議，並非僅限於社會科學領域的辯論，在自然科學領域也同樣對知識的客觀性有所爭議。在二十世紀，物理界的量子力學就開啓了一場重要的知識辯論，並隨之對科學哲學產生衝擊；哥德爾的不完備定理在數理邏輯領域掀起狂瀾[10]，使得最有資格宣稱眞理性的數學體系發生動搖，並也衝擊形式邏輯的確定性；混沌理論的發展，衝擊了古典物理的線性系統觀，其中的「蝴蝶效應」理論更常被社會科學家引用[11]。然而，二十世紀是不同科學領域知識相互交戰的時代，不僅社會科學利用自然科學的諸多成果，從早期的系統論、控制論到晚近的量子力學[12]、混沌理論、熱力學第二定律[13]等，自然科學也對社會科學的知識批判做出回應，並引起不小的波瀾。其中一個最爲鮮明的例子就是「索卡事件」，索卡（Sokal, Alan）在一個文化研究期刊《社會文本》（*Social Text*）上，發表了一篇「逾越邊界：量子重力的轉型詮釋學」（Transgressing the Boundaries: The Transformative Hermeneutics of Quantum Gravity），在文章刊出的一個星期後，他又發表一篇文章，宣稱《社會文本》上的論文完全是一齣惡作劇，他要突顯出那些喜愛濫用自然科學術語來批判科學知識的「學院左派」，他們對於自然科學理論本身過於無知，才會將他那一

篇充滿自然科學術語，但又進行許多錯誤詮釋的論文刊登出來[14]。「索卡事件」引起整個文化研究學界和自然科學界的喧騰辯論，它構成整個學術界對知識問題辯論的一環，也對後現代主義、女性主義、文化研究等批判科學知識的學術圈，造成嚴峻的挑戰和衝擊。由於自然科學和社會科學間在此問題上的論辯雖是一個極為重要的知識問題，但若將這些論辯和討論一起放進書中，一方面作者沒有把握準確理解自然科學的諸多理論，二方面恐會偏離本書的焦點，故在本書中仍以社會科學的知識為主要討論對象。

在社會科學中，至今雖未必有具體的理論被承認為是一種「客觀知識」，但從歷史經驗來看，確有一些理論或意識形態曾被貼上這樣的標籤，如自由主義或馬克斯主義等，即使他們實存上未必是所謂的客觀知識，經過歷史的考驗後也未必會成為真理，但人們對知識或真理的標準和訴求，以及人們對它的信仰的確左右人類生活甚巨[15]。所以本書所指涉的「客觀知識」，是作為一種努力目標的知識，「客觀性」是一種對知識的聲稱，這種聲稱意謂著具有某種使知識普遍化的可能性，但無法以特定理論或具體觀念作為指涉對象。對「客觀知識」的探討，是圍繞在它的形塑脈絡進行，而非證明知識是客觀的或不客觀的。

筆者對「客觀知識」的探討重點，是在於它如何經由「權力」和「認識論」所形塑，以及知識的客觀性被解構後，我們應如何看待知識在人類政治生活中的意義。更確切的說，筆者已經預先接受了後現代主義對知識與權力關係的立場，預設知識是受權力影響或形塑的，另一方面，雖然筆者對認識論的效用有所批判，但亦認為這種認識論立場確實對知識的形塑有深刻的影響；易言之，權力是政治、社會對知識的影響，認識論是研究者對知識的技術性影響。所以書中的討論不是結合傅柯和布爾迪厄的理論，去論證「客觀知識受權力所形塑」，也不是論證知識應在什麼條件下才得以成為「客觀的」知識，而是將傅柯和布爾迪厄的理論交互分析、對話，更深入的描述權力與認識論兩者如何影響知識生產，並在這個基礎下探討其他相關問題。

「權力」一直是現代政治學所關注的核心議題，本文所探討的「權力」，由於已牽涉到後現代主義的理論，其意義已超出傳統政治學所探討的「權力」概念。簡單來說，傳統政治學所關注的權力主要圍繞在國家權力上，諸如「合法性」、「正當性」、「權威」和「威權」等問題的探討，但經過後現代主義及各種後學流派的論爭，「權力」被認為不僅存在於國家場域中[16]，也存在於個人的交往、性別的對待等

活動，例如女性主義者即喊出「個人的即政治的」（the personal is political）（Marsh, 1995: 94）口號。本書對「權力」概念的看法和後現代主義的立場契合[17]，但具體而言，這裡所要處理的「權力」也包含國家對知識生產的制約力量，雖然國家的權力也是被探討到的部分，但這裡卻不是傳統政治學所關注的國家統治權力，而是關於比國家統治權力更廣泛也更隱晦的知識形構問題。

「認識論」在本書中的定位，並非在探討經由何種認識方法可以達至客觀知識或共識，而是指出從學院中生產的知識，在權力機制的作用和認識論的要求之下，呈現的是何種意義和發揮何種作用，故本書在定位上不完全屬於社會科學（或政治學）方法論的範疇，因為此範疇主要探討的是認識工具或研究工具的使用和條件。本書難以有太明確的定位，最主要的原因是「權力」概念在後現代主義中發生的變化，主流政治學理論把權力概念置於國家政治力的統涉之下，但後現代主義所認為的權力幾乎是無孔不入，若把涉入這種權力觀的研究都納入政治學的範疇，恐大多數政治學學者未必都會同意。不過在本書中，作為政治學研究焦點的「國家」，其對知識形塑的影響力也是論述的重點，雖然「國家」概念在後現代主義的政治研究中也正遭致解構，但本書所指

涉的國家仍限於傳統政治學的概念。大致上而言，本書在定位上可算是「知識政治學」，而非政治學的知識理論。

本書所處理到的概念中，「權力」與「認識論」是最主要的焦點。實證主義者主張嚴格的認識論和方法論可以獲得（或逼近）客觀知識，後現代主義者則認為權力對知識的形塑具有決定性影響，並不存在普遍性的客觀知識。在這些爭論下，使得知識背後的權力機制，以及方法論的技術之間產生緊繃的張力。傅柯和布爾迪厄的理論具有對這兩個概念作深入探討的能力，兩人主張的異同，也可以做許多對話。在認識論方面，布爾迪厄對實證主義和結構主義的認識論提出批判，並提出具有倫理實踐性質的反思認識論，重構社會科學研究的客觀性，而傅柯雖對認識論的理性能力不置可否，但從傅柯的整體思想看來，仍暗涵特定的認識論主張，他與布爾迪厄在認識論的主張上有許多謀合之處。在權力問題方面，布爾迪厄以其獨特的社會分析方式，解析權力對知識生產過程的影響，這和傅柯的權力觀亦有呼應之處。

本書以文獻分析的方法，整理傅柯和布爾迪厄針對知識生產的相關理論，然後嘗試將他們的概念與理論加以比較對話，分析權力和認識論對知識的形塑機制。後現代主義的問

題意識爲本書的重要主軸，但後現代主義思想體系龐雜，難以兼顧全面，因此主要的引用來源有二，一部分是整理後現代主義理論和提出批評的著作，另一部分則是後現代思想家的一手著作。這裡所引用到的後現代主義者以傅柯、德希達、李歐塔、羅逊等人爲主。「知識考古學」（L'archéologie du savoir）、「詞與物」（Les mots et les choses）等是傅柯部分主要的引用書目。關於布爾迪厄的理論，則參酌其本人的著作以及其他學者的二手資料，一手文獻最主要的引用著作，包括「學術人」（Homo Academicus）和「實踐理論大綱」（Outline of A Theory of Practice）等。

 ## 第三節 研究限制

本書的研究限制主要有以下幾點：

第一，由於後現代主義的定義模糊，尚難有定於一尊的說法，且包含眾多思想家，筆者亦無法將各家之言完全納入本書。有學者將後現代主義劃分爲解構性與建設性，本書將會論及這兩類的理論家。原則上，筆者處理到後現代主義的

部分主要關涉知識與權力的關係，以及對於知識基礎——語言和認識論的解構，所以比較偏重解構性的後現代主義，建設性的後現代主義則是屬於補充性的說明。當本書提及後現代主義時，並非泛指所有的後現代理論家，不過在第二章整理後現代主義思路時，仍會盡量將內部主要不同的看法做釐清，也會將其主要共同處說明，故在指涉後現代主義一詞時，至少是包含這些共同特徵。

第二，傅柯和布爾迪厄的思想，是本書所處理的重心之一，但他們的思想體系複雜，筆者只能就本書的主題分析他們的理論，他們各自和許多學者、思想家均有論辯，但本書所要處理的主要是他們兩人之間的比較分析，為避免不必要的旁生枝節，本書並不處理太多傅柯和布爾迪厄與其他學者的關係和論辯，而盡量將焦點放在他們兩人的思想上。

第三，本書所探討的客觀知識比較具抽象性，而理論上的說明必須著落在具體的時空環境，但本書沒有提出特定的案例分析或歷史分析，是本書在論述上比較薄弱的部分。這裡需指出的是，傅柯和布爾迪厄兩人的思想，或多或少都受法國1968年五月事件的影響[18]，因此他們進行的知識或學術批判，也是根源於此事件的後續效應，以及日後法國學術圈

對此事件的反省，故在理解傅柯和布爾迪厄思想時，這是必須注意的歷史背景。

第四，關於文獻處理部分，由於布爾迪厄是阿爾及利亞人，故第一手資料多屬法文，筆者語文能力有限，只能取材英文翻譯本。加上布爾迪厄的文筆往往艱澀難懂，這也是許多社會學家所公認的，因此筆者也會參酌各類二手文獻以進行瞭解。其他歐陸的後現代主義思想家，如傅柯與德希達也是法國人，所參考的第一手資料以英文或中文翻譯本為主。

第四節　全書架構

本書的第二章，主要整理後現代主義如何在「認識論」和「權力與知識的關係」這兩個主軸上，批判實證主義傳統的客觀知識。前者的主要部分包括語言問題、再現與反再現主義的爭論，以及基礎主義和反基礎主義的對立；後者則聚焦於傅柯的知識考古學，與後殖民主義汲取後現代主義的養分後所進行的知識政治批判。不過，針對實證主義的批判聲浪並非由後現代主義所獨占鰲頭，批評實證主義缺陷的一些

學派，常被統稱為後實證主義，但後實證主義的範圍和後現代主義同樣難以界定，並且也有相當程度的重疊[19]。本書雖然以後現代主義的批判為主流，但也不能忽視後實證主義的發展脈絡，由於兩者有高度的相關性和重疊性，所以在第二章也會對後實證主義的發展脈絡做簡單的回顧。

　　本書在第二章中，主要整理分析實證主義、後實證主義和後現代主義的知識觀。實證主義以維也納學圈的思想為主，後實證主義和後現代主義的思想有所重疊，也不容易截然分開，但本書還是根據一些學者的分類予以分別討論。這裡所要處理的後實證主義分兩部分討論，第一部分是孔恩、費耶本和巴柏、拉卡托斯之間的辯論，即理性主義和歷史主義的對立，第二部分討論現象學、詮釋學和批判理論的知識觀。關於後現代主義，由於其思想脈絡更為複雜，筆者只能粗略的進行整理歸納，指出後現代思想的知識立場為何，在這個部分主要探討的是，後現代主義如何從主體和語言層面論述其知識立場，另外，有關知識─權力的思想，有哪些思想脈絡構成後現代主義的論述軸心。

　　第三章整理傅柯和布爾迪厄的知識立場。傅柯的思想一般分為考古學、系譜學和倫理學轉向時期，本文主要集中在

考古學和系譜學的部分。布爾迪厄則從其使用的概念工具，如場域、資本、生存心態、象徵暴力等，梳理出其知識理論的脈絡。第三章和第二章不同，第二章是縱覽整個知識理論的發展背景，著重敘述的廣度，第三章則是深入探討傅柯和布爾迪厄的知識立場，因此著重分析的深度。但第二與第三章並非截然分離，因為實證主義、後實證主義和後現代主義的問題意識亦構成傅柯和布爾迪厄的議題核心。

第四章根據第二、三章的討論，回顧後實證主義和後現代主義，並對本書的主題提出省思。第五章為結論。

註釋

1 實證主義是經過歷史演變而發展的學說和立場，主要經歷三種變化，其起源形式是十九世紀早期孔德（Comte）的實證哲學，發展了可以和形上學區分的知識。第二次變化是1920年代維也納學圈（Vienna Circle）邏輯經驗主義（logical empiricism）的出現，他們認為孔德的歷史哲學仍是形而上學的，所以避免使用實證主義一詞，第三次變化則使法則性解釋（law-explanation）成為實證主義的正統，這出現於二十世紀中葉前後二、三十年，代表人物是卡納普（Rudolf Carnap）、韓培爾（Carl Hempel）、那格（Ernest Nagel）和巴柏（Karl Popper）。參見William Outhwaite, *New Philosophies of Social Science* （Macmillan Education Ltd,1987）. p. 5-8.關於實證主義發展史的詳細論述參見Leszek Kolakowski, *Positivist Philosophy*, 高俊一譯，（台北：聯經1988年）。

2 後實證主義是與後現代主義、後哲學文化同源的重要潮流，它的正面作用是有助於克服傳統科學哲學偏重實證論、忽視歷史邏輯和人文精神的傾向，但後實證主義並不像實證主義具有自身的確定性，某種程度上它是指一切對實證主義進行批判的各種思想形式，其內部彼此間也具有頗大分歧。科學實存論、新康德主義的結構主義和後實證主義的經驗論，此三者具有某種程度的一致性，故可統稱為後實證主義研究。參見劉大椿，《科學哲學》，人民出版社，1998

年，p. 37-42。

3 認為知識與權力之間有緊密關係的人，不僅限於後現代主義者，但由於傅柯等人提出其權力／知識觀後，許多學者亦開始謹慎注意此一問題而投入研究，他們指出各學科在其演變歷史中，和權力規訓的關係，如 Hoskin, K.W. 和 Macve, R. H.對會計學歷史的研究，Ball, Stephen J.對管理學歷史的研究，參見 Walerstein（1999），pp. 85-129, 130-153。

4 在西方，對知識的不信任和對科學的不信任是息息相關的，也是源自於歐美的歷史發展所造成的情緒，對科學或知識的不信任不僅包括對知識基礎的懷疑，也包括科學知識對人的生活意義問題，例如胡賽爾（Edmund Husserl）對實證主義思潮的批判。第一次世界大戰和納粹主義的經歷使胡賽爾不僅懷疑科學知識的基礎，也興起了保衛人的主體性，以防止被文藝復興傳統的物理主義和客觀主義淹沒的企圖。參見 Edmund Husserl,《歐洲科學危機和超驗現象學》(*Die Krisis der Europäischen Wissenschaften und die Transzendentale Phänomenologie*)，張慶熊譯，（台北：桂冠，1992 年）。

5 Jodi Dean 即認為，政治並非一切，但任何事情都可以成為政治的，因為政治並非僅圍於特定位置和行動。「何謂政治」是傳統政治理論的核心問題，文化研究則是探討當某些事情有政治性時，它意謂著什麼？文化研究者嘗試在當今全球情勢變遷的脈絡下，重建並

擴充政治學的領域。參見 Jodi Dean, Introduction: The interface of political theory and cultural studies, in *Cultural Studies and Political Theory*.

6 最能説明這種現象的代表就是本書會牽涉到的後殖民主義,後殖民批評家南迪(A. Nandy)指出,現代殖民主義的歷史證明了傅柯的理論,舊殖民主義是物理上的土地占領,另一種殖民主義是心理和文化的占領,是以理性主義者、現代主義者以及自由主義者爲先鋒的,它除了依賴軍事力量,也透過設立殖民者與被殖民者之間、東方與西方之間、文明與野蠻之間、發達與不發達之間的主體與知識的永久等級秩序而實行另一種暴力——知識或文化的暴力。參見陶東風,《後殖民主義》,p. 16-7,及 A. Nandy, The Intimate Enemy: Loss and Recovery of Self Under Colonialism, (Oxford University: 1983).對西方霸權的政治反抗和知識反抗糾結情緒也會以各種形式表現,例如中國大陸《中國社會科學季刊》一系列對社會科學本土化的討論,即在選擇西方現代性與東方傳統之間掙扎,也都帶有自由主義嚮往和民族主義情緒的混合。這些討論參見《中國社會科學季刊》。

7 只要方法使用得當,即可保證描繪的現象爲眞實的,卡西勒(E. Cassirer)將這種主張稱爲方法決定論(methodological determinism)。轉引自葉啓政,〈進出「結構——行動」的困境〉,p. 23。參

見 *Substance and Function and Einstein's Theory of Relativity,* Cassirer.E.

8 傅柯是本書所側重的後現代主義者，但這裡並不是說傅柯沒有對現 實運作的機制做研究。雖然傅柯對知識與權力的研究，偏重哲學性 的探討，但並不意味他的理論忽略了制度與實踐等的物質性（mate-riality）基礎（儘管他未能對這種物質性做明確的定義）。只是比起 實踐和制度的分析，傅柯更注重對知識本身的分析。參見Kellner, Douglas.《後現代理論：批判性的質疑》, p. 59。

9 科學哲學中，自然主義與反自然主義之爭，是辯論社會科學研究人 類現象的方法，可否與研究自然的方法相同。前者的立場主要是實 證主義的看法，認爲對自然科學的研究方法可以移植到社會世界， 後者則認爲社會領域具有獨特性，是需要經過語言詮釋的，這主要 是詮釋學傳統的立場，關於自然主義與反自然主義的意義，參見 Critical Realism: *Essential Readings,* edited by Margaret Archer, Roy Bhaskar, Andrew Collier, Tony Lawson and Alan Norrie, （Routledge: 1998）, xiv. 及Roy Bhaskar, *The possibility of Naturalism*（Routledge: 1998）.

10 哥德爾不完備定理是哥德爾（Kurt Godel）於1931年發展出來，用 以說明數學悖論的定理，其意義是：當一個演繹系統是自足的（不 矛盾的），則至少有一個以上的前提是在系統內不能證明的。例如， 在相對論中，光速C爲恆定的這個前提，就不能在相對論演繹系統

中證明，而必須從系統之外獲得證明。其重要的意涵是，人的理性和邏輯能力（即形式邏輯分析）有其限制，即使是一個不矛盾的邏輯系統也無法完整的說明自身。關於此定理的意涵和說明，見朱水林編著，《哥德爾不完全性定理》，（台北：九章出版社，1993年）。

11 例如有學者以「蝴蝶效應」理論，探討經濟週期的變化和其他經濟現象，並批判主流經濟學的理論缺陷。見 Ormerod, Paul, *Butterfly Economics: A New General Theory of Social and Economic Behaviour*, 李華夏譯，（台北：聯經，2000 年）。

12 量子力學中最著名的問題，即是觀察者和觀察對象之間的關係，是否會影響客觀實存物本身的存在狀態。海森堡、薛定格、馮紐曼、魏格納、愛因斯坦等人均參與了這場辯論。海森堡在量子力學提出著名的「測不準原理」，此原理指出，研究者無法同時測得電子的位置和動量（質量和速度的乘積），若先知道電子的位置，則不能知道他的動量，反之亦然，基本上這不僅表現出觀測者的限制，對於電子的觀測過程，儀器必會對電子產生些微影響而無法得到真實客觀的現象，海森堡認為那是一個本體論的問題，而非僅是觀察技術的障礙。海森堡認為，「我們所觀察的不是自然本身而是自然所呈現到我們儀器的。在物理上科學工作是以我們所擁有的語言提出關於自然的問題，並且設法以我們布置的工具實驗來尋找答案。量

子論提醒我們一句哲言，當在尋找生活裡的秩序時不要忘記，在人生舞台裡自己是一個演員也是一個觀眾」。並指出，「近代物理進入了文化傳統與歐洲文明完全不同的另一領域，在此，自然科學與應用科學活動上的衝擊一定比歐洲來的激烈，因為這些領域將在幾十年內發生在歐洲兩三世紀來生活條件所改變的事情，我們可以想像到在許多地方這種新動向似乎顯示出這些古文化是殘酷而未開化的態度，這把人類安樂所依持的平衡給破壞了。這是無可避免而且是現在我們所要面對的現實，然而在此近代物理的出現也許有益於古老傳統與新的思想趨勢獲得協調，例如自二次大戰後，來自日本在理論物理上的成就表示東方傳統上的哲學觀念和量子理論哲學的實體間已套上某種關係。當一個人沒有接受在本世紀前十幾年盛行於歐洲的樸質思想方法，在適應量子理論真實性的概念上是比較容易的」。薛定格提出一個著名的思想實驗，也是一個突顯出量子力學問題的科學悖論，此思想實驗甚至引起甚多物理學家的惱怒。此實驗的內容是，讓一隻貓在一個箱子裡面，箱子中放某種放射性物質，以及一個盛有致命氰化物的小玻璃瓶，一種巧妙的連鎖裝置，可使當放射性樣品的某個原子發生衰變時，它觸發的信號能使一把預先定好位置的榔頭落下，打破小瓶子使毒氣溢出，把貓殺死，理論上貓非死即活，但是依照量子力學原則，整個箱子內的系統就是一個薛定格的波函數，這個波函數就是包含兩種可能但又相互排斥

的組合，所以這隻貓既是活又是死，如果薛定格不去打開箱子，他自己的方程式就表示這隻貓可以用這兩種狀態的組合來敘述，而這種組合在實際生活又是說不通的，所以在打開箱子之前，這隻貓處於非死非活的奇怪狀態。這個貓論又顯示出觀測的主觀因素，觀察者打開箱子後才會影響貓的死活。愛因斯坦對此說道：「我不可能想像只是由於看了他一下，一隻老鼠就會使宇宙產生巨變」。參見 Werner Heisenberg，《物理與哲學》，周東川、石資民、黃銘欽合譯，1972，協志工業叢書出版公司；F. Capra，《物理學之「道」——近代物理學與東方神秘主義》，朱潤生譯，1999，北京出版社。

13 熱力學第二定律是指自然界的熵（Entropy，或譯爲「能趨疲」）之總和不斷地增加，宇宙的物質與能量僅能朝一種方向改變其形式，即由可用轉爲不可用，由有轉變爲無，由秩序趨向混亂，亦可稱爲能趨疲法則。能趨疲法則一個極其重要的內涵即是：時間不可逆。時間不可逆使得靜態機械論的時間觀和不受時空影響的普遍法則無法成立，從而造成對未來的不可預測性，即是和古典機械主義的自然觀最大的斷裂處。熵（Entropy）的概念最早是由克勞修斯引進，他根據兩個希臘字根發明出來的，意義是「轉移的量」或者「發生變化的能力」，最初的目的是要在守恆的概念和可逆性的概念做出清楚的區分，後來卻成爲他表述宇宙的概念：宇宙的能量是常量，

宇宙的熵趨於最大。熱力學第二運動定律經過一連串的發展，從克勞修斯到普里戈金（Ilya Prigogine）的耗散結構理論，漸趨完備。所謂耗散結構乃是指，可行與其環境交換能量和物質的「開放系統」，根據此種理論，所有一切生物及某些非生命系統皆屬耗散結構，它們藉由可用能量在他們系統裡的不斷流動，維持其結構；但當能量在一個耗散結構內流動時必會造成「波動」，若波動太大而使整個系統無法吸收時，整個系統將被迫重組，重組結構必然會導向更高的複雜性、整合性與相聯性，以及更高的能量流通，而每一後繼的重整因較其前一階段更為複雜，因此它更易為波動與重整所破壞，因此複雜往往會造成更大的重整與「演化發展」的加速化，以及能量的加速流通，據此普里戈金將不穩定性視同適應性。由於熱力學第二定律的衝擊，使得一些科學家的世界觀也發生變化，不僅限於自然界，也包括人類生活，雷夫金（Rifkin）的《能趨疲：新世界觀》，即從熱力學第二定律的理論，說明資本主義的經濟邏輯對現實生活有哪些弊病和危害。參見Jeremy Rifkin,《能趨疲：新世界觀》，蔡伸章譯，1985，志文出版社；Ilya Prigogine,《混沌中的秩序》，沈力譯，1990，結構群出版社；Peter Coveney、Roger Highfield，《時間之箭》，江濤、向守平合譯，1993，藝文印書館。

14 關於索卡事件，見Sokal,《知識騙局》。關於從自然科學角度批判

後現代主義、女性主義等的知識觀，見Gross,《高級迷信》，陳瑞麟，薛清江譯，（台北：新新聞，2001年）。

15 知識和眞理是有所區別的，本書所強調的是前者，關於何謂眞理的答案有好幾種立場，包括符應論〔correspondence theory，陳述與現實（reality）相符應〕、一致論（coherence theory，理論體系的完備與不矛盾），以及實用主義（pragmatism），眞理是我們可以理解、檢證（corroborate）和證實（verify）的觀念，參見Robert Kirk, Relativism and Reality（Routledge:1999），p. 15-33。眞理是指涉世界的眞實，而根據科學實存論的看法，知識則和人生存的社會脈絡息息相關，並且無法脫離這個脈絡而產生；而科學也是社會活動的特殊產物，但需要規範去指導它，參見Andrew Sayer, Method in Social Science: A Realist Approach,（London: Roultedge, 1992），p. 17.

16 如石之瑜指出，多數政治學的次領域，都是根據國家、理性、社會三個前提，進行權力的研究，但主流政治學忽略權力的諸多面向，因爲權力可作爲一種關係或一種論述，這些面向可以探索出比以國家、理性、社會爲前提的研究更豐富的內涵。見石之瑜，pp. 91-121。

17 本書對權力的看法特別是和傅柯的立場相同，傅柯認爲不能簡單地把權力歸結爲社會或國家統治者的主權，不能和鎭壓相等同，也不

是單純否定性的力量，且主張社會基本上就是一個權力系統，他說：「對我來說，我的作品的主要點是重新思考關於政權的理論」。參見高宣揚，《後現代論》，（台北：五南，1999 年），p. 348。

18 法國的 1968 年五月事件，主要是因法國第五共和的憲政體制和政治安排，無法回應社會（尤其是學生）對國家新的期待和要求，或是說舊的國家機器無法遏止社會和文化價值變遷的驅動力量。1968 年 3 月 22 日，南岱爾學院的衝突是五月事件的引爆點，此一衝突是因法國當局逮捕了一些為抗議美國在越南軍事行動，而從事破壞活動的學生，並且關閉南岱爾學院，但整個抗爭活動延燒到更多校區和社區，接下來學生不僅抗議美國的軍事行動，也抗議學校的考試制度、教師體制、上課方式等，因為整個學校體制和官僚體制的關係過於保守密切，學校無法培養出具有創造力和反叛性的學生和知識，教授們也汲汲於自己的學術地位而不願認真指導學生，因此反抗的對象就從美國轉移到法國政府，矛頭甚至指向當時的戴高樂總統。而法國的政府以舊有的左派邏輯批評學生運動的正當性，其指責學生的行為是激進、左傾的冒險主義，中產階級的、激進的托派，無政府主義與毛派，而非無產階級的運動。到了後來不是只有學生才為抗爭運動的主角，工人隨後也加入示威遊行，但最後此運動仍被戴高樂以各種巧妙手段壓制下來，工會獲得了增加工資、改

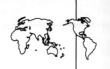

善勞動條件的利益，而態度軟化下來，學生最後也回到了校園，五月革命終歸失敗。五月革命的失敗，使有些人對改革或革命不再抱希望，因此懷有一股知識上的失敗主義，繼續躲在學院裡，但也有的人因此繼續深思知識與權力或政治的關係，對他們而言，那些看得見的知識與權力的緊密關係，就存在於他們自己的社會文化中。傅柯和布爾迪厄雖在五月事件發生時，皆不在巴黎，但此事件對他們日後的思想仍有許多影響。關於五月事件的分析和敘述，參見 Quattrocchi, Angelo & Naiin, Tom, *The beginning of the End: France, May 1968.* 趙剛譯註；張宇韶，論法國「一九六八年五月」事件」，碩士論文，2001。華勒斯坦並指出，五月事件是對世界知識份子圈的衝擊，世界大學體制的改組也是由1968年開始發生的，雖然大學和政權的拉鉅狀況並不會因此消失，但其真正衝擊在於學院知識份子的生活。見 Wallerstein（1999），pp. 218-20。

19 例如費耶本（Paul Feyerband）被劃為後實證主義一類，亦被認為具有後現代主義色彩。後實證主義具有後現代主義的傾向，如後實證主義的反權威主義與後現代主義類似，後實證主義作為科學哲學是在西方學術傳統內進行反思，後現代主義則否定性地批判西方學術和文化傳統。參見劉大椿，《科學哲學》，p. 43-6

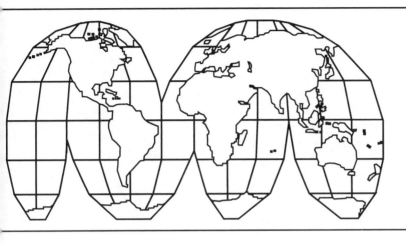

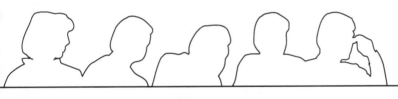

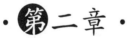

第二章

後現代主義對客觀知識的批判

2

「我做為自然界的一個客觀觀察者的活動，難道不
會減弱我作爲一個人的力量嗎？」

—— 齊克果

「我們十九世紀的顯著特點就是它不是科學的勝
利，而是科學方法對科學的勝利。」

——尼采

 # 第一節　實證主義的認識論遺產

一、實證主義的歷史背景

「實證主義」（positivism）一詞，是社會學家孔德
（Auguste Comte）在十九世紀首先提出來的概念，實證主義
的主要傳統是經驗論（empiricism）（黃光國，2001：30；
劉大椿，1997）。實證論哲學的產生背景有二，一是實證科
學出現重大發展，二是黑格爾（Hegel）使得哲學體系到了極
限，在此背景之下，實證論把哲學的形上學看成是知識發展
的一個階段，在形上學後要進入實證階段，在此階段中要以

實證方法獲得可靠的知識（舒光，1993：30-1）。孔德、斯賓塞、密爾是實證論的第一代，十九世紀末到二十世紀初，經過馬赫（E. Mach）、迪昂、彭加勒（H. Poincaré）的努力使實證論有更新的推進，後來的重要事件就是石里克（M. Schlick）於1922年創立了維也納學派（Vienna Circle）。維也納學派是實證論的顛峰，其重要成員包括卡納普（R. Carnep）、漢恩（H. Hahn）、紐拉特（O. Neurath）、克拉夫特（V. Kraft）、韓培爾（C. G. Hempel）等，另外如羅素（B. Russell）和維根斯坦（Ludwig Wittgenstein）雖非維也納學派的成員，但他們是啓發整個維也納學派的靈魂人物。

維也納學派時期的實證主義又稱爲新實證主義（neo-positivism）或邏輯實證主義（logical positivism），也可以稱爲邏輯經驗主義（logical empiricism）[1]。邏輯實證主義雖在二十世紀初獨領風騷，也免不了遭致各種批判，尤其是在巴柏（Karl Popper）的批判理性主義（critical rationalism）和孔恩（Thomas Kuhn）的歷史主義的挑戰下，逼得許多邏輯實證主義者紛紛轉向或調整。在1969年於美國舉行的「邏輯實證論之遺產」的學術研討會上，正式宣佈了實證主義時代的結束。（Achinstein & Baker, 1969）

關於實證主義的歷史背景，本文主要從兩部分描述，即維也納學派之前和維也納學派之後的時期。之所以拿維也納學派作為分水嶺，是因為維也納學派的成就使得實證主義到達顛峰時期，實證主義在這個時期的進展是最為豐碩的，但它接下來所遭致的挑戰也最為嚴峻。

（一）維也納學派之前的實證主義

雖然實證主義一詞是由孔德所創，但它的傳統可追溯至十一世紀，只是在那時它的功用是充當批判某些神學教義的工具（Kolakowski, 1988: 14）。十三世紀時，牛津的聖方濟會教士培根（Roger Bacon）提出，實驗及幾何學的演繹法（geometric deduction）是獲致知識的唯一可靠手段，不過培根的思想只在一般方式下和實證主義的想法符合，即他們皆蔑視不能以實際效用來證明其價值的那些認知方法，以及要求經驗導向的科學。在1326至1350年，有一群在巴黎和牛津反對當權的經院學派的作家，他們主張實驗主義（experimentalism），這項主張與唯名論有所契合；其中一名作家奧坎（William of Ockham）提出一項著名規則，被稱為「奧坎的剃刀」（Ockham's razor），他認為對任何現象的陳述，應將那些不必要的文字和名目驅逐出去，他的思想意圖，在於把

實際經驗中沒有對應的概念趕出哲學之外，因而強化了知識背後的經驗基礎。中世紀的思想促成了實證主義的基本理念，這種理念的目標在於建立有意義的知識規則，並把它限制在分析的敘述或事實問題的觀察上，不過大多數的經院學派「實證主義者」對於之後的幾個世代只有很有限的影響。(Kolakowski, 1988: 15-20)

　　十七世紀的實證主義思想和現代機械力學（mechanics）的誕生有密切關係。伽利略（Galileo）建立了一個帶有實證主義特質的科學概念，他也是第一個為知識建構現象論方案的人，這種現象論和以各種本體形式來解釋世界的傳統相對立。過去對於實在界的描述，都把各種現象的原因歸於非經驗性的「本質」（natures），但伽利略認為科學的課題不在於追究這類「本性」或他們的「本質」，而是要為可以度量的現象提供「量」的描述。笛卡兒（Descarts）雖然抱著實證主義的信念，但不算是實證主義者，因為他相信知識唯有在性格上是可以「分析」的，才可能具有必然性。但笛卡兒認為經驗知識不可靠，我們無法以感知去斷定知識，而必須轉向其他方式尋找必然性的知識。對笛卡兒而言，他最關心的是上帝與創造的形上學問題，其哲學興趣和實證主義成對比。(Ibid: 22, 27-8)

　　實證主義到了休謨（David Hume）之後出現重要進展，因為他對人類知識（尤其是因果關係的部分）所提出的問題和解答，以及他對形上學的破壞性力量，都深切影響實證主義的發展。休謨提出兩個有名的歸納法問題，一個是邏輯問題，另一個是心理學問題。邏輯問題是：我們能否從經歷過的事件推論出我們沒有經歷過的其他事件？（例如一壺水有九十九次加熱到達攝氏一百度即沸騰，我們能否推論第一百次也會沸騰？）休謨的回答是：不管重複多少次相同經驗，都不能證明以後相同的事實都會有相同結果。休謨的心理學問題是：然而，為什麼所有能推理的人都期望並相信他們沒有經歷過的事件，和所經歷過的事件相一致呢？休謨的回答是：出於習慣（Popper, 1972: 4-5）。對休謨而言，一切有關事實問題的判斷都和數學命題成對比，事實問題的判斷並不蘊涵任何必然性，但我們對事實問題的判斷必須依賴因果關係的必然性；休謨認為因果關係的推論只是基於一種心理上的期待，這種期待又是根源於習慣，所以必然性只在我們心中，不在事物本身。休謨的結論和他原本的意圖最後發生衝突，他本是要清除形上學，掃除知識大廈中的「假磚塊」，並為科學提供不可動搖的基礎，結果他的分析卻把科學知識的基礎和形上學一起驅逐。實證主義繼承了休謨不能迴避又

35

視爲基本的問題：我們的知識中是否具有什麼絕對確定的東西？如果有，那會是什麼？後來的實證主義者沒有人附和休謨對歸納法的駁斥，但他們都得在這個困境下處理歸納法的合理性問題。（Kolakowski, 1988: 37-9, 44-5）

　　「實證主義」創始者孔德可說是休謨的繼承者，他首先提出「實證論」一詞，用以指稱關於科學和歷史的知識論和世界觀（Comte, 1908/1953）。孔德身處於法國大革命後的混亂社會，當時的法國社會正面臨經濟危機和社會動盪，在孔德十九歲時遇上聖西蒙（Henri de Saint-Simon）後，便開始追隨聖西蒙的社會改革計畫，爾後孔德與聖西蒙意見不合，便開始發展自己的實證哲學。孔德相信要穩定法國的社會組織，對各門學科的全面改造是必要條件，否則社會生活不能在理性的基礎上進行重建。孔德提出有名的三狀態法則，他認爲人類心靈的歷史可劃分爲三個狀態或階段，第一階段稱爲神學階段，在此階段人類嘗試發現事物的隱藏本性，並憑藉人建構出來的神性去回答問題；第二階段稱爲形上學階段，此階段以現世的一神論達到頂點，它把種種神秘權力的紛雜性壓縮成能解說一切事實的單一概念；第三階段即實證階段，此階段不再追問事物的本性爲何，而是服從客觀的事實，從中找尋自然的普遍法則，並且以觀察、實驗與計算的

方法來達到這種目的（Kolakowski, 1988: 52-5, 58-61）。孔德斷言前兩個階段是未成熟的狀態，並鼓吹以實證科學代替形上學，他認為企圖去發現事物的內在本質是途勞無益的，人們應該努力挖掘自然規律或事實中的恆常關係，這種實證知識才有資格在人類世界的各種領域被實踐（劉大椿，1997：22-3）。整體而言，在孔德的思想中，具有「科學主義」特質並延續為實證主義精神的部分，包括：三狀態法則、反形上學的知識計畫、對諸科學統合的信仰、把一切知識化約成單一而普遍的公式（孔德認為這只是規範性的指引，而非一項方案），以及把知識視為具有實用價值的解釋等。

　　馬赫是影響維也納學派的另一重要人物，作為孔德的信徒，他認為科學僅能以經驗為基礎探究事物，並反對形上學滲入科學知識。馬赫的影響主要是思維經濟原則和批判經驗論。思維經濟原則是希望用盡可能小的勞動、盡可能少的思維、盡可能短的時間，獲得盡可能多的科學知識。馬赫認為經濟思維在數學中已經高度的表現出來，數學最強而有力的地方，就在於避免不必要的思維消費以及具有演算方面的節約性和經濟性。馬赫說道，我們愈能簡單而經濟的表現經驗事實，則對於摹寫對象的認識越深入完善，在科學研究上起的作用也越大。（洪謙，1990：187-92）馬赫主張一切科學

規律的目的就是把自然現象用規律形式簡單化,科學規律的意義是思維的經濟功能,可以幫助我們對自然現象做簡單的描述(Kolakowski, 1988: 205)。馬赫的批判經驗論曾引起列寧的抨擊[2],馬赫認為物體是感覺的複合,它是某些恆定元素組合起來的心理符號,而且知識的內容絕不超出經驗之外,甚至數學命題也不是綜合的先驗判斷,所有的原則和理論都服從於經驗之下,現象背後的真實只是人類想像出來的形上學,它必須排除在科學範疇之外。(Kolakowski, 1988: 132)馬赫的極端經驗主義或現象主義對歐洲學術界產生了深遠的影響,石里克在1928年組成馬赫學社(Ernst Mach Society)後,馬赫的思想便成為維也納學派研究的核心部分之一。

(二)維也納學派之後的實證主義

二十世紀以後的新實證主義者保持了實證主義的經驗主義傳統,物理學上的重要進展——量子力學和相對論,也提供實證主義思想新的衝擊,新實證主義在這種情勢下,給自己確定了新的中心議題:知識的經驗論證問題。經驗主義的傳統是強調知識依賴於經驗,但二十世紀新的幾何學和物理學在某些方面是與日常經驗相違背的,例如舊的時空觀很難

設想廣義相對論中有關引力場所引起的空間彎曲效應。因此，爲了貫徹經驗主義，新實證主義就竭力尋找一條從理論還原爲經驗的通道（劉大椿，1997：24）。

　　維也納學派的創始人石里克曾在物理學大師普朗克（Planck）門下，完成〈當代物理學的時間與空間〉博士論文。1907年左右，數學家漢恩、社會學家紐拉特、歷史學家克拉夫特（V. Kraft）等人開始在維也納做不定期的聚會，希望解決實證論應用在物理學可能遭遇的困難。1922石里克受邀到維也納講學，並組成維也納學派，1926年卡納普到維也納大學任教，兩年後他出版了《世界的邏輯結構》，成爲維也納學派的討論主題，翌年維也納學派出版《科學的世界觀：維也納學派》，使其名聲廣播，並引起國際學術界的注意（黃光國，2001：33）。維也納學派的核心人物除石里克之外，維根斯坦也具有重大貢獻，他雖非維也納學派的正式成員，但他出版的《邏輯哲學論》（*Tractatus Logico-Philosophcus*），對維也納學派的思想有重大貢獻。[3]

　　維也納學派的形成條件，除了休謨、孔德、彌爾和馬赫等人的實證論影響之外，還有另外兩個重要因素，第一是相對論和量子物理學的新發展，第二是佛雷格（G. Grege）的

第二章　後現代主義對客觀知識的批判

《算數基礎》、羅素與懷海德合著的《數學原理》，以及石里克的《普通認識論》和維根斯坦的《邏輯哲學論》的出版。沒有這些理論作爲思想基礎，邏輯實證主義是難以出現的。另外，維也納學派能在歐洲迅速發展起來，主要歸因於萊辛巴哈（H. Reichenbach）爲首的柏林學派的呼應、波蘭華沙學派的聲援，以及英國的艾耶爾、魏斯曼和維根斯坦等人的哲學活動，在美國，卡納普、佛蘭克和菲格爾（Feigl）等人也努力發揚邏輯實證主義的觀點（洪謙，1990：64）。

在維也納學派的聲譽如日中天的時候，石里克於1936年被一名患有精神病的學生槍殺，導致維也納學派的瓦解。在此事件之前，費格爾離開維也納前往美國愛荷華大學任教，漢恩於1934年去世，卡納普也於1936年接受美國芝加哥大學的教職，而石里克的死亡加速了維也納學派的崩解。接下來又因爲納粹的破害，許多維也納學派成員紛紛離去前往美國，由於其中維也納學派有許多成員是猶太人，因此也被禁止出版著作品。維也納學派瓦解之後，其學術成果就在美國的研究機構延續，如莫里斯（Morris）、那格爾、萊辛巴哈等人在美國定居，在耶魯大學的韓培爾則是使邏輯實證主義在美國風行的重要功臣（Kraft, 1969: 8-9）。除了這些科學哲學家的努力之外，實用主義和實證主義的結合[4]，也使實證主

義在美國的學術圈居於優勢。在實用主義的色彩下，知識是否實用，取決於它能否有效率的達成預期目標，因此以成就度（performativity）所證成的實用效率往往會成為確認知識客觀性的判準，並且一種知識的社會價值也被確定下來（葉啓政，2000：36）。

除了偶然事件和政治因素使得維也納學派瓦解，在理論發展上衝擊邏輯實證主義最重要的人物則是巴柏和孔恩。巴柏的批判理性主義和孔恩的歷史主義動搖了邏輯實證主義的根基，使得許多邏輯實證主義的信徒紛紛轉向或調整自己的立場，這兩個人也是將實證主義轉向後實證主義的時代舵手。後實證主義克服了科學哲學偏重實證論、忽視歷史邏輯和社會文化因素的思想潮流，並也和後現代主義的發展有密切關係。關於後實證主義的爭論，於本章第二節會做綜觀的探討，以下主要是針對維也納學派的立場，說明實證主義的認識論遺產，並且整理維也納學派內部對認識論問題的一些爭論。雖然維也納學派的實證主義被後實證和後現代主義猛烈批判，但他們內部的爭論也相當重要，因為其他學派所批評的一些觀點，在他們內部也具有相當程度的問題意識，維也納學派並非完全忽略後實證和後現代主義所指出的問題，只是他們以自己的方式去消解這些問題。

二、實證主義的認識論遺產

維也納學派的努力使實證主義的發展達到高峰，不過在
巴柏的否證論對邏輯實證論產生衝擊，並經歷實證主義者的
觀點重整後，邏輯實證論的主張才算出現共識，成為社會科
學方法論的主流價值[5]。關於巴柏的部分，基於本文的重心
考量，將他放在後實證主義──「理性主義與歷史主義之爭」
的部分再做討論，這裡僅綜整維也納學派的邏輯實證主義。
綜整維也納學派的意見頗為困難，因為其重要成員都是獨立
的思想家，他們的思想立場也隨時期不同而變換，不過仍可
以抽繹出整個維也納學派成員的共同點。

邏輯實證論繼承了傳統實證論的傳統，但兩者也有所分
別，主要有三個部分：第一，傳統實證論認為物體的實在，
僅是一種「感覺的複合」，它不能根據抽象的科學概念而被
認識；邏輯實證論認為僅從知覺的立場不能判斷科學的實在
性，分析物體實在命題的邏輯意義也很重要。第二，傳統實
證論認為科學的主要作用僅是「思維的經濟原則」，用簡單

的概念思索世界事物是科學的真正目的；邏輯實證論認為科學作為一種實際的真理體系，哲學是將真理體系內所包含的基本概念加以邏輯地說明、限制語言的誤用，並分辨明確的思想與含混的思想。第三，傳統實證論否定哲學的作用，甚至欲取消哲學；邏輯實證論則肯定哲學可以明確說明科學的意義，這種功能不亞於科學發現真理的能力（洪謙，1996：51-2）。

　　維也納學派對知識的主張包括：第一，應將形上學從知識領域完全排除，這也是維也納學派和傳統實證主義的共通聯繫[6]。第二，主張經驗主義的認識論[7]，排除康德哲學的先驗判斷（a priori judgments），對於實在的陳述（statements）必須立足於感官經驗的基礎上。第三，從維根斯坦在《邏輯哲學論》中發展的語言哲學，探究知識的語句邏輯（Kraft, 1969: 15-6）。

　　儘管維也納學派內部有這些共通立場，但在認識論上他們仍有許多歧見，以下就維也納學派內部的知識基礎、語言觀、與價值問題這三部分的爭論，分別做簡單的敘述。

（一）知識的基礎

維也納學派對於真理的定義有兩派看法，一種看法以石里克、魏斯曼為一派，持真理符應論（correspondence theory）的立場；另一種看法以卡納普、紐拉特為一派，主張真理融貫論（coherence theory）。真理符應論的觀念是，命題必須與經驗相一致，才算是真理，因為知識的基礎是經驗事實，科學命題是一個人陳述自己的經驗。石里克認為只有直接經驗才能夠賦予科學命題意義，觀察命題不僅提供真正實在的知識，也提供了經驗認識的基礎。真理融貫論則認為，一個命題系統與其他相關命題沒有矛盾，且在命題之間邏輯一致的情況下，才算是真理。卡納普和紐拉特無法接受石里克的真理標準，因為談論經驗語句與實在的比較無疑是形上學的，科學中的經驗句子只能與句子相互比較。[8]

艾耶爾在這場爭論中站在石里克這一方，不過他懷疑觀察命題是絕對客觀地確定，一個觀察的結果多少依賴於人在證實過程中的精神狀態，因而我們不能完全避免任何偶然因素在這個證實程序中起某種作用。艾耶爾指出，命題只是經驗性的假設，也不需要先驗（a priori）論述，命題在邏輯上也沒有確定性的基礎，經驗主義在邏輯上也不依賴休謨或馬

赫的心理學（Ayer, 1946: 120-2）。艾耶爾和石里克質問真理融貫論者，把一貫性作為真理標準的人，必須考慮到一個虛構而不矛盾的故事，也會是一個真理系統，那麼我們如何區分真系統和假系統？卡納普對此問題的回答是，真系統是建立在真觀察命題的基礎上，而真觀察命題是由那些合格的觀察者提出的，包括當代著名的科學家。韓培爾也認為真的觀察陳述系統，實際上是被其文化圈內的科學家們所採納，他們「正規地」表達他們自己（洪謙，1996：242-3）。

在知識基礎的爭論中包含了兩個主軸，一個主軸是經驗主義與物理主義的認識基礎問題，另一個主軸是記錄或觀察陳述（protocol or observation statements）和理論語句（theo-retical language）的語言問題。這兩個辯論主軸具有高度的相關性，以下就此議題來做討論。

（二）語言問題

石里克認為知識的基礎是感官經驗，陳述的意義必須完全由私人所接收的經驗（given experience）決定，對於概念的定義必須是指稱式定義（ostensive definition），亦即一種概念必須在經驗上有相應指涉的對象，例如要定義「花」的概念，就必須在現實中指出「花」就在「那裡」。但石里克這

種經驗主義的認識論遭到卡納普、紐拉特等人的批評，他們認為，如果知識基礎由個人的經驗出發，而每個人的經驗流又沒有一個共同標準判定是否爲眞，很容易陷入唯我論（solipsistic）的困境。紐拉特舉了一個例子反駁石里克的觀點，他舉一個陳述如下：「奧圖在三點十七分紀錄（proto-col）：〔奧圖在三點十六分告訴他自己：（奧圖在三點十五分知道有一個桌子在房間裡）〕」。奧圖的記錄行爲先於他所記錄的內容，但我們對於奧圖的記錄活動是無法確認的，例如我們無法確定奧圖記錄的時間是「三點十七分」，以及他所處的位置是否是一個「房間」等，他的記錄活動可能有誤差或其他偶然因素誤導了他的紀錄內容，因此個人的經驗並非具有確定性的知識基礎，如果觀察命題不在主體間性的基礎上加以合理的改造，就會導致主觀唯心主義，紐拉特舉的這個例子被稱爲記錄陳述（protocol statement）。（Hanfling, 1981: 80 ；洪謙，1990 ：71-2）

爲克服這種困境，卡納普和紐拉特發展出物理主義（physicalism）的認識論主張，即概念的基礎應以物理爲對象，[9]而非以經驗主義的心理感受作爲基礎，概念的定義是操作性定義（operative definition）而非指稱式定義[10]，如此才能有共同的語言進行交流。物理主義的核心問題就是選擇

何種語言作爲觀察語言，這是石里克和卡納普的分歧點，也是認識論的基本問題。簡單來說，石里克主張使用私人語言，卡納普主張使用公共語言：石里克主張感覺經驗是命題的對象，卡納普則主張物理才是命題的對象（舒光，1993：119-20）。

石里克在《知識的基礎》一文中，認爲一種觀察命題既不需要繼續檢驗，也不能繼續檢驗，同時在知識原則上有堅定的基礎，這種觀察命題爲「確證」（Affirmation），像「確證」這種觀察命題不僅有實在的內容，還有其確定性（洪謙，1990：55）。但紐拉特和卡納普等人不同意這種看法，他們不相信個人經驗的確定性，如以上紐拉特所舉的記錄陳述的例子，科學活動有可能誤導科學描述，亦即私人經驗是不可靠的，故單靠石里克所主張的觀察語言並不足夠。在卡納普和紐拉特等人的立場下，要達到知識的客觀性，必須排除個人主觀性的偏見或誤導，理論語言和觀察語言的區分便是很重要的觀念。艾耶爾說到，他用觀察陳述（observation-statement）代替經驗命題（experiential proposition）的原因，就是要強調觀察或經驗是可以檢證的（verifiable），經驗命題對事實的描述太過含混，無法達到精確命題的要求（Ayer,1946: 11）。卡納普、艾耶爾、那格爾都持有相似的觀

知識與權力

點，他們的基本論點是：第一，觀察名詞或觀察詞彙必須明白清楚、具有確定意義；第二，理論名詞或理論詞彙所具有的任何意義，必須僅在他們背後的公設和對應規則之下才能被瞭解；第三，理論詞彙與觀察詞彙是兩種語言的區別，而非一種語言的不同用法（江天驥，1988：35）。

理論語言（theoretical language）是由抽象的理論詞彙和語句構成的，例如物理學中的「電子」、「引力場」等，一套理論系統必須是邏輯完整的系統，要判斷它是否邏輯完整必須以語法分析（syntactic analysis）的方式檢驗，如紐拉特所言，一個命題不必要把命題和經驗作比較，只要在語句和語句間做比較即可。藉由語句的調整達成整個語句系統的一致性，就是卡納普、紐拉特等人的物理主義所要達到的目標，亦即塑造一種具有主體間性（intersubjectivity）的人工語言，使得不同的科學家甚至於不同領域的研究者，都可以使用一種確定性的語言相互溝通，而獲得客觀性的知識。基於這個原因，卡納普把科學哲學問題轉化成為語法分析問題。[11]

操作性定義是將理論語言還原為觀察語言的關鍵鈕帶（另一個重要方式是預測相關性），雖然卡納普等人反對石里

48

克澈底經驗主義的觀察語言，但觀察語言仍離不開個人經驗，卡納普使觀察語言具有主體間性的方法就是使用操作性定義，用一種物理程序使觀察對象的特性顯現出來，再以量化方式（定量描述）表現，使得每個人都能觀察到共同現象，也可以用共同語言溝通一個觀察對象的概念。待一個觀察對象的概念確定以後，再進行理論語言的語法分析，只要理論語言內部達成一致性而無矛盾，它就是具有意義的知識內容。卡納普雖然反對石里克使用經驗主義的觀察語言導引出客觀陳述，但相當程度上他也消解了石里克所遭遇的困難。原本在石里克經驗主義的觀察語言中，「可傳達性」是他面臨的難題，他認為「可傳達性」就是「可證實性」，能夠傳達的就是能夠證實的，如果個人的感官所經驗到的東西不能準確的傳達給其他人，那這個語句就無法證實。但是石里克本人無法有效的將「可傳達性」轉化為「可證實性」，例如「痛」的感覺要如何表達？若我們不能用私人語言「傳達」痛的感覺，就無法「證實」是否發生「痛」的現象。石里克認為一個人的痛感傳達給另一個人知道，在邏輯上是可能的，在經驗上是不可能的，因為石里克的立場已經預設，一個命題的「證實可能性」只是原則性而非經驗性的，所以他能夠自圓其說：「理論上」痛的感覺可以被傳達，因此可

以被證實，只是「實際上」痛感的表達有其困難。但這仍不具有說服力，使別人相信站在經驗主義的認識論上，可以從這些以私人語言才能表達的事物獲得可靠的知識。

綜觀而言，維也納學派在語言方面的討論，主要就是圍繞在兩個問題上，一個問題是如何讓觀察語言具有經驗的「可傳達性」，使各研究者在共同的基礎上分析一個命題；另一個問題是如何使理論語言化約到觀察語言的過程中，不減損事實的完整而能達到知識的客觀性。在觀察語言的可傳達性方面，石里克從心理層面的個人經驗出發，認為只要觀察命題和事實相符應，那麼觀察語言就具有確定性，但因為他太強調個人經驗，而使得觀察語句的「可傳達性」較弱。卡納普從物理主義的立場出發，以工具性的物理語言聯繫各觀察者的感官經驗，只是這種感官經驗所接觸的是經過量化和操作化的經驗現象，而石里克所言的感官經驗是直接觀察現象界所獲得。雖然維也納學派對觀察命題有這兩派的區別，但他們對邏輯上的語言都是相當信任的，只要個人經驗或觀察命題的可傳達性可以解決，那麼他們都會同意只要聽過語言分析，就可以獲得具有客觀性的知識。[12] 維也納學派都是站在維根斯坦的語言哲學基礎上發展自己的思想，就是指出世界上許多事件在原則上是「能說出的」或「不能說出

的」。[13]

（三）價值問題

價值問題即倫理學問題，維也納學派內部對價值問題的共識比較高[14]，他們都從語言邏輯的立場出發看待價值問題，對他們而言，價值的主要問題就是價值有無「眞」、「假」可言。從邏輯實證論的立場而言，在判斷價值陳述有無眞假前，必須先看價值陳述是分析命題還是綜合命題。分析命題只有形式沒有內容，如果倫理學是分析命題的知識，那麼它就是空虛的，因而也不能告訴我們應該做或不做什麼；綜合命題則是陳述經驗事實的命題，如果倫理學的命題是綜合命題，那麼它是記述性的命題，可以告訴我們關於各民族或社會階級等的倫理習慣，但它也沒有規範性質。所以從邏輯實證主義對知識的解析角度來看，倫理學沒有認知性（noncognitive），它不能成為斷言（assertions），倫理學的命題沒有意義，因為它沒有眞假可言（Reichenbach, 1951: 304-5; Carnep, 1970: 112）。

艾耶爾針對倫理問題提出價值的情緒論（the emotive theory of values），他認為倫理判斷只是個人的情緒表達，它只是一種假概念（pseudo-concepts）。艾耶爾認為，他們不會

為價值的問題爭論，只會對事實問題發生爭執，例如若人們為某種道德價值有不同意見，艾耶爾不會證明別人的道德看法是錯的，只會證明對方沒有認清事實，「認為一個人是不道德的」，也是一種形上學的信仰（Ayer, 1946: 102-119）。卡納普、艾耶爾、萊欣巴哈等人的立場都趨於一致，認為倫理學的表述是規範語句，而規範語句只下達命令或表示一種願望，對於相關的價值判斷也是如此，它們都沒有真假。不過卡納普也強調，倫理學的價值判斷只是沒有認知性意義，不具可檢證性（verifiability），[15] 但這不代表倫理或道德問題就不重要或不能研究，倫理行為也是具體的個人行動，歷史學者、心理學者和社會學者都能對倫理行為進行經驗性的研究（Frondizi, 1970: 53），只不過對改善人生的目標而言，科學方法仍是最好的方法。[16]

在邏輯實證論的立場下，維也納學派認為人們對倫理或道德命題無法判定是非，但維也納學派也不能忍受無政府主義的道德，每個人都有自己的道德觀而使整個社會毫無道德規範。萊欣巴哈指出，只有大家都遵循一個原則才能避免陷於這種困境，就是民主原則：人人有權利建立自己的道德規範，並且要求人人遵循這些規範。這是民主國家中一切政治生活的基礎，例如一個房子中有許多空房間，有人主張空房

應讓其他沒有房間的人居住，也有人主張沒有人有權利開放空屋給其他人居住，這時可以經過公民投票表決這些意見，再制訂成法律（Reichenbach, 1951: 326）。確切的說，道德規範是在民主精神和法治的條件下實踐出來的，而無法用科學方法導出規範系統。

　　以上大略整理出維也納學派對認識論的立場，語言邏輯是邏輯實證論的認識論核心，人類的共同理性是語言邏輯的前提，蒯因認為邏輯實證論是建立在兩個教條上的：第一個教條是觀察語言和理論語言（或綜合命題與分析命題）的區分，第二個教條是還原論，即從理論語言還原到觀察語言的觀念[17]。從蒯因的分析可以看出語言邏輯在邏輯實證論中的關鍵角色，不論維也納學派對觀察語言的爭論如何，他們都相信語言符號可以袪除人類表達的主觀性，在知識研究的過程中可以用具備主體間性或客觀性的語言進行溝通。克拉庫斯基（Kolakowski）質疑，好幾個世紀以來，人類都把發現世界「必然性」的能力歸屬於「共同理性」，而為何實證主義者仍看不出來此等特質是虛擬物，仍持續追求「形上學的確定性」（metaphysical certainty）（Kolakowski, 1988: 227-40）。不過維也納學派並非沒有意識到其中的困難性，當卡納普被逼問到他要如何區分真系統和假系統時，他說的一句

話很重要，即真觀察命題是由合格的觀察者提出的。我們要怎麼認定「合格的觀察者」？如果確定性的語言和邏輯可以溝通人們的私人經驗，那就表示人們都具有共同理性可以觀察事物，若如此為何還有「合格」問題？如果經由確定性的語言描述現象，還會有不同真理系統的對立存在，那麼是否因價值因素在真理系統內起作用才會導致對立？如果用社會學的角度來看待邏輯實證論的內部矛盾，孔恩的歷史主義便可以對維也納學派的語言觀構成嚴酷挑戰。在維也納學派接下來的發展中，由巴柏、拉卡托斯繼承了他們的理性精神（也包含很多批判和修正），孔恩、費耶本從歷史和社會角度否定了邏輯實證論假定的共同理性，這兩大派的辯論在下一節中繼續討論。

第二節　後實證主義的論手概述

一、歷史主義與理性主義的對抗：孔恩、費耶本 v.s巴柏、拉卡托斯

　　科學哲學經過維也納學派的努力在二十世紀的前半大放異彩，到了六〇年代左右又有更深刻的進展。六〇年代的發展主要特性是，科學哲學家對科學知識的關注，逐漸從方法論、命題語言等這些科學的內部邏輯，轉移到科學社群（scientific community）的活動、科學的歷史發展和政治社會領域對科學的影響等科學的外部因素。

　　雖然邏輯實證主義經由維也納學派的發展，並經由韓培爾等成員在美國的宣傳，使其聲勢如日中天，但在巴柏提出否證主義（falsification）之後，讓許多邏輯實證主義者修正自己的路線。在認識論上，巴柏對維也納學派最主要的修正是將演繹邏輯的地位提升到歸納邏輯之上，在命題的檢驗方面，他以否證（falsification）代替檢證（verification）。由於

巴柏的衝擊，日後許多學者將否證論歸爲邏輯實證論正統的一部分，也有的學者認爲是巴柏終結了邏輯實證主義，兩者不能放在同一個學派。儘管有這些分歧，孔恩對科學哲學的挑戰才是更引人注目的發展，因爲孔恩將歷史性和社會性因素引入科學哲學的討論，和巴柏仍以理性爲重心的理論比起來，孔恩無異提供更嶄新的視野。在英美學術界開啓後實證主義的重要人物除孔恩和巴柏之外，費耶本（Paul Feyerbend）和拉卡托斯（I. Lakatos）所提出的理論也相當重要[18]。費耶本以他的「方法論的無政府主義」（methodological anarchy）主張而引起兩極化的評價，他被歸類在孔恩這一方的歷史主義陣營。拉卡托斯扮演的角色則是吸收孔恩的歷史意識，並使巴柏的理性主義立場更爲鞏固，他從歷史角度發展「科學研究綱領」（scientific research program），並將巴柏的否證論精鍊爲深思熟慮的否證主義（sophisticated falsificationism），和巴柏同屬理性主義的陣營。

在這裡所指的歷史主義與理性主義的對抗，並非意味孔恩、費耶本和巴柏、拉卡托斯在所有立場上都是對立的[19]。概括而言，此二者的主要分歧在於[20]：歷史主義認爲理性在科學活動中的作用是有限的，一個科學的「典範」（paradigm）在某一時期獲得認同，不僅是因爲理論的優越性，還包括科

學家的宣傳策略、理論背後的世界觀是否獲得政治社會的支持、科學社群的勢力優劣等因素。歷史主義者批評理性主義者忽略科學活動的其他因素，而且理性主義所建構的方法論根本不符合科學史，科學家在研究過程中，理性並未帶來決定性的作用，在科學方法上，理性也無法完全束縛研究者，理性的方法論原則只會束縛研究者的想像力；理性主義者則認為一個理論在某一時期能獲得主導地位，是因為它能比其他競爭理論解釋更多經驗事實、它的檢證方法符合某種規範等的「理性」因素。理性主義者反對歷史主義者的相對主義（即使孔恩和費耶本都否認他們是相對主義者），他們認為如果真理或客觀知識的判準只能在某一歷史階段生效，真理和知識都是相對的，那只會為人類社會帶來混亂並讓人類歷史倒退。這裡討論歷史主義與理性主義的辯論，主要從兩個關鍵處著手，第一是語言的不可共量性（incommensurability），第二是科學社群的共識。

（一）不可共量性

維也納學派假設觀察語言和理論語言可以分離，並尋求將理論語言還原為觀察語言的準確方法，而巴柏則打破這兩種語言的區分，他認為觀察不可能獨立於理論而存在，任何

觀察都會被理論滲入（theory-laden）（江天驥，1988：38；Popper, 1972: 92-3），但巴柏並未直接挑戰語言的確定性，以致於在這點上，他與維也納學派的立場並沒有距離太遠。巴柏和維也納學派一樣信任語言的確定性，他提到如果我們要談論一個陳述對於一個事實的符合，就需要一種元語言（meta-language）作爲溝通工具，在元語言中我們便可以站在同一個語言基礎上討論事實（Popper, 1972: 57-8）。巴柏提出三個世界的理論，他認爲世界一是物理客體的世界，世界二是人類意識狀態的世界，世界三是具有客觀內容的、自主的思想世界，也是經由世界一和世界二相互作用而產生的世界，這個世界三的具體形式就是期刊、書籍和圖書館等，它之所以是客觀實在而且是自主的，是因爲如果世界上的書籍知識都被毀滅，則整個人類生活文明都會倒退（Popper, 1972: 139-47）。在巴柏的世界三中，語言扮演關鍵性的角色，語言使人類無法脫離世界三，也使世界三能持續成長，簡單的說，語言是人類理性論辯的基礎，透過這種可轉譯的語言做理性思辯，使知識可以成爲一種沒有認識主體的客觀知識（Ibid.: 142-3）。

有別於巴柏主張的「元語言」，孔恩提出了「不可共量性」的概念，挑戰語言的確定性。從理性主義者看來，具備

確定性的語言才可能使知識增長，並使知識增長的過程具有連續性，若語言具有不可共量性，則知識就會斷裂而無法累積，不同的理論之間亦無法溝通，也沒有客觀標準判別真假優劣，知識增長就成為不可能的事情。費耶本和孔恩同樣支持不可共量性這個概念[21]，他認為由於不可共量性的存在，使得真實的科學不同於它在世界三中的映像，故科學不一定是進步的過程，巴柏的真理模型並不能成立（Lakatos & Musgrave, 1969: 302）。

不同典範（paradigm）[22] 間存在的不可共量性，除了表現出孔恩對不同理論典範的歷史意識外，孔恩也同時賦予其心理學和社會學的意義。不可共量性的心理學意義是因不同的典範背後都具備不同的世界觀，從一個典範到另一個典範的躍遷過程，孔恩稱為格式塔（gestalt）轉換[23]，它不僅指涉研究者對理論的抉擇過程，也意含研究者內心世界觀的轉換，而前後不同的典範和世界觀具有斷裂性且不可共量，因為它們背後有不同的語境、使用相異的語言，故物理主義下的定量觀察和描述在這裡是失效的。不可共量性的社會意義，意指各個科學社群（scientific community）所信仰的典範不同（不管是歷史上不同的科學社群或是同時存在但持不同典範的科學社群），由於異質典範背後的語境和世界觀有斷

第二章　後現代主義對客觀知識的批判

裂性，因此這些科學社群之間難以在同一個溝通基礎上獲得客觀知識[24]。理性主義批評孔恩的典範不可共量性理論（包括格式塔轉換），主要重點有二，第一是在科學活動的過程，科學家對不同理論的抉擇過程是有理性標準的，而不是孔恩所認為的皈依（conversion）過程；第二是科學知識有實存的客觀性，知識的增長也有連續性，並不是如孔恩所認為的，新舊理論的發展過程具有斷裂性，知識的進步與否也沒有客觀性判準。

費耶本認為實在論者（realist）想要把不可共量的變成可共量的是錯誤的觀念，因為實在論者預設不受人類認識活動影響的客觀實在是存在的，但是兩個不同的理論具備不同的意義，要怎麼確定它們是指涉同一個實在？（Feyerabend, 1978: 90-1）實在論者巴柏批評孔恩的邏輯是歷史相對主義，他認為即使如孔恩所言，科學合理性必須建立在某種共同語言框架上，但這個框架本身也是不能去批判的（而且經不起批判），巴柏稱孔恩的不可共量性理論稱為「框架神話」（the myth of the framework）（Lakatos, Imre & Musgrave, Alan, 1969: 77）。

拉卡托斯則是用「歷史合理性」消解了不同理論典範的

不可共量性，或確切的說，是拉卡托斯消解了不可共量性造成的「沒有進步判準」的效果。拉卡托斯認為任何理論的核心都有一個硬核（hard core），是科學家的中心信仰，它可能具有形上學色彩，但即使理論周邊的保護帶（protective belt）因其他競爭理論的解釋作用較強而逐漸衰退，根據科學史的證明，仍可以判定競爭理論是優於舊理論的，也就是說理論的進化和退化可以從科學史中顯現的合理性，描繪出判斷的界限[25]。因此拉卡托斯指責孔恩的發現心理學的邏輯是暴民心理學（mob psychology），並且導致了「強權即真理」的結論（Lakatos, 1978: 13-4; Lakatos, Imre & Musgrave, Alan, 1969: 214）。

　　理性主義與歷史主義對不可共量性的爭論，其深層意涵是理性與非理性主義之間的分歧。巴柏堅信科學進步的過程依賴於理性論辯，拉卡托斯替巴柏的否證論和世界三理論注入歷史色彩，抵禦孔恩學派指責巴柏缺乏歷史意識的攻擊，在巴柏的「世界三」和拉卡托斯的「科學研究綱領」中，科學活動中的非理性成分被掃除了。但是孔恩和費耶本強調巴柏和拉卡托斯所描述的科學理性根本不符合歷史，孔恩認為理性在科學活動中發揮的作用有所限制，費耶本的立場比孔恩更為鮮明和強硬，他認為歷史上重大的科學進展並不是因

為新典範靠理性論辯說服舊典範，而更多的是依靠宣傳策略、特設性假說（ad hoc）[26]、信仰情感等非理性手段（Feyerabend, 1978: 133），而且方法論規則和理性主義只會束縛科學家的想像力，因此費耶本在方法論上，提出「怎麼都行」（anything goes）的口號[27]。以上四人都偏好以哥白尼革命的過程作為範例，卻都對此段歷史有不同的詮釋，巴柏和拉卡托斯指著理性否認非理性的存在，孔恩和費耶本則指著非理性否認理性的決定性作用。雖然巴柏和拉卡托斯刻意強調科學史中的合理性成分，忽略了社會中文化的作用和科學家的心理因素，但孔恩和費耶本在指出科學活動所受的制約力量之後，既否認他們是相對主義者[28]，又沒辦法舉出一套知識判準，也使自己陷入困境。科學的理性之路被孔恩和費耶本破壞之後越走越窄，但要指出客觀知識的存在，除了抽象標準之外，仍有別的路可走，那就是科學社群的「共識」，亦即客觀性可以經由共識達成。巴柏、拉卡托斯、孔恩和費耶本在理性與非理性之路雖有激烈的爭辯，但在知識的「共識性」這裡，他們也許是走的最近的。

（二）科學社群的共識

　　這裡所談的科學社群的共識有兩個重點，第一是科學社

群的共識與知識之間的關係，第二是科學社群的共識與民主意見的位階關係。

巴柏預設科學的客觀實在性被孔恩、費耶本所批評，他自己也承認是實在論者（Popper, 1972: 140），然而他也強調他所指涉的客觀性，是指能夠被科學家的相互主觀性檢驗（inter-subjectively tested）（Popper, 1980: 44），而非康德意義的客觀性。雖然巴柏極力避免預設客觀眞理的「終點」，強調我們無法占有眞理，只能「逼近」眞理，但由於巴柏強烈的理性主義，使批評者認爲「逼近眞理的知識」和「眞理」有一樣的獨斷性格。再者，巴柏信任科學家的理性論辯，他認爲科學社群都是依循一定的科學準則累積知識，知識累積的過程不會如孔恩所想的那樣非理性。

孔恩和費耶本也認同科學社群的重要性，但和巴柏、拉卡托斯相比，他們更重視科學社群的社會權威性，而非其內部的專業性，他們認爲科學知識的說服力不在於它的理性規則，而是科學社群具有的社會權威，這種權威的形成，除了巴柏設想的理性規則之外，更充斥許多非理性的活動和策略。就孔恩的立場而言，科學社群作爲一個典範的載體，就是一種語言社群，在不存在中性語言的情況下，選擇一門新

理論就是決定在不同的世界裡展開另一種方言（Lakatos & Musgrave, 1969: 366, 371, 380）。晚期孔恩[29]提出「學科基質」（disciplinary matrix）一詞代替「典範」，學科基質包含的主要因素包括（Kuhn, 1989: 160-83）：科學社群採用的通用符號（symbolic generalizations）、科學社群的模型（model）或共同信念（beliefs）、共享價值（shared values），以及最重要的範例（examples）。學科基質意味知識是受社會和教育等集體因素的影響，方法論的規則反而是次要的。雖然孔恩指出科學社群對理論的發展並沒有一個支配準則，但他和巴柏一樣相信科學社群的判斷資格，只不過讓巴柏不滿的是，孔恩賦予科學社群權威的理由不是理性的方法論規範，而是由於科學社群的集體信仰所造就的力量。

總體而言，歷史主義和理性主義都會同意科學社群的活動和知識之間有密切的關係，不論知識本身是客觀的還是主觀的，人們都會對科學知識有一定程度的信賴，因為知識是由專業人士根據某些規則（不論是理性規則還是非理性的信仰）所生產出來的。不過這種共識只是在於大家都重視科學社群的重要性，但對科學社群的評價則是另一回事。孔恩不認為科學社群可以逼近真理，持反對態度的原因是他對真理的存在表示懷疑（Kuhn, 1989: 149），而費耶本則是在整個人

類社會的層次上，否定科學社群的優位價值，在這部分的態度上，他和巴柏是更為針鋒相對，被費耶本帶出來的問題，也和後現代主義對科學的懷疑態度產生了聯繫。

對「理性」的定位不同，是歷史主義和理性主義分歧很大的原因，維也納學派預設的「共同理性」被孔恩和費耶本澈底的批評，費耶本走的比孔恩更遠，孔恩是以歷史和社會角度指出科學知識的有限理性，費耶本則質疑整個科學在人類生活中是否應享有這麼高的地位。費耶本批判科學的崇高地位主要是從科學和政治的關係著手，他認為科學的優勢地位會威脅民主，今天人們相信科學是因為科學社群的權威，而非它的理性，這種科學權威會產生獨斷性而威脅到人的生活，因此我們必須以民主的多元力量制衡科學力量。表面上看來費耶本是攻擊科學理性本身，不過，從費耶本的「自由社會中的科學」中可以看出，他的矛頭不是僅指向科學本身，也指向自由主義者（和一些被「教化」後的馬克斯主義者）。費耶本認為，一個自由主義或馬克斯主義社會容納不了黑人文化、猶太人文化、中世紀文化等，但在科學、理性主義（和資本主義）的基本結構下，這些異質文化都可以作為次級移植物被容納進去，自由主義、馬克斯主義知識份子都可以藉由科學偽裝成非西方文化的朋友，又可以不損害科

學的最高權威。[30] 簡單的說，自由主義、馬克斯主義的知識份子們以科學之名侵犯其他文化的價值。除了科學對異文化的侵犯之外，它在一個民主社會中也侵犯到人民選擇生活方式的權利，每個公民應該都有權利追求他所認為的真理和正確的程序（Feyerabend, 1978: 115），用稅款支持的研究機構應服從納稅人的判定，因此民主的判定高於真理和專家的意見（Ibid.: 145），基於這些理由，做為意識形態的科學[31] 應該與國家分離。

費耶本抨擊偽裝成理性的科學共識，損害民主社會的價值，巴柏則是意圖為整個社會注入科學理性，成為他的「開放社會」（open society）。巴柏認為一個開放社會的條件是必須能容納各種多元的意見並維持不斷的批判，才能保持社會的進化，像馬克斯主義那樣預言一個未來社會的藍圖，只會封閉其他的生活可能性。在這點上，巴柏和費耶本一樣有濃厚的彌爾色彩，皆強調多元意見的重要性，不過巴柏和費耶本兩人的主要差異在於，費耶本認為個人意見不可能脫離其生活的語境和文化，從而沒有絕對的理性標準來衡量對錯；巴柏承認民族性、歷史背景、階級利益乃至語言差異等，都是追求客觀性的障礙，但是巴柏相信透過批判性思考能夠逐步克服這種偏見（Popper, 1962: 1102），他認為知識社會學主

張知識不可能脫離其所著落的社會居處（social habitat），也是不正確的說法[32]。充滿理性的世界三可以說是貫穿巴柏整個思想，沒有認識主體的客觀知識不僅存在於世界三，世界三中的人類社會也可以通過理性辯論把非理性過濾掉，巴柏的開放社會幾乎可以看成是科學社群的放大版。問題是，即使科學社群可以排除非理性、服從理性規則而逼近真理，更為複雜的人類社會在政策的辯論中，可能通過理性活動而達成客觀性嗎？巴柏似乎像是費耶本所指的，以科學之名統一異文化的知識份子，自由主義通過科學即可吸納原本無法吸納的異質文化。

　　以下從上述所舉歷史主義和理性主義的爭論焦點，總結他們對「客觀知識」的認識論立場和引出的問題。如果要把維也納學派和這兩者一起比較的話，可以看出歷史主義和理性主義都已經不去孤立的看待知識問題，維也納學派專注的方向是知識內部的語言邏輯結構，維也納學派並非沒有意識到社會文化對知識的影響，只是他們高估了人作為一個旁觀者看待世界的能力，也高估了語言工具的穩定性。歷史主義和理性主義都比維也納學派重視科學知識隱含的社會性格，科學社群作為一個群體，自有其運作的邏輯，這種獨特的邏輯使得科學知識能有別於其他社會意見。但是歷史主義和理

性主義各自表述這種社群性的特質，歷史主義強調的是科學社群造成的知識斷裂性、不可共量性和權威性；理性主義強調的是科學社群運用的理性規範、知識連續性和專業性，但他們爭執的核心並不是理性與非理性主義之爭，也非絕對主義與相對主義之爭，而是爭論人有沒有能力脫離自己著落的歷史、社會和文化處境所造成的偏見，去認識世界。孔恩和費耶本的觀點都認為由於理性是歷史的產物，所以也不存在那種理性中立的認識論，可以讓觀察者站在對象的外面看清事實。巴柏和拉卡托斯則會認為即使我們無法脫離歷史，但運用理性規則不斷的進行批判，仍可以讓我們的知識不斷進步，而且僅有靠這種方式才能讓社會進步，而非依賴強權的影響力（科學社群的權威性）。

二、現象學、詮釋學與批判理論

現象學、詮釋學和批判理論，都對實證主義的知識觀持反對立場。它們的思想淵源不同於孔恩、巴柏等人的英美哲學色彩，而是和歐陸的哲學傳統有很密切的關係。雖然這三個學派對知識論的立場也有相當程度的差異性，但它們在對抗實證主義的立場，以及關切科學知識的層面上，具有許多

共通處，所以在這裡一併討論，並強調它們的連續性和共同處。

　　現象學、詮釋學和批判理論，都是在歐洲面臨科學危機的情勢下蓬勃發展，總體而言，它們都站在抵抗科技理性宰制生活世界的立場上，批判實證主義並發展自己的知識論。在實證主義浪潮風行歐美時，現象學創始者胡賽爾（E. Husserl）首先指出歐洲科學的危機所在[33]，他認為實證主義和非理性主義是威脅科學的兩大來源，真正的理性和「存有」（Sein）是分不開的（Husserl, 1994: 11），實證主義卻將理性狹隘的理解為工具理性，這種狹隘的科學觀支配實證科學的發展，其影響也超出科學範圍，進而威脅人的「生活世界」（life world）。詮釋學由於胡賽爾和海德格在現象學上的突出發展，使得伽達瑪（Hans. G. Gadamer）深受影響。伽達瑪將狄爾泰傳統的詮釋學從認識論提升到本體論的地位，由於他接受了胡賽爾和海德格的許多觀念，因此他在反實證主義以及對抗工具理性侵蝕生活世界的立場上，都和現象學派趨於一致。法蘭克福學派的批判理論對實證主義（或科學主義）的批判，是對「科學與技術理性」在先進工業社會作為新宰制形式的批判，法蘭克福學派認為科技理性就是一種意識形態，它阻礙人性的發展，因此批判意識形態是解放人性的重

要途徑（Bottomore, 1991: 22-3）。

關於這三個學派對科學知識的立場分為兩部分闡述。首先討論的部分是，它們如何將被實證主義框限在認識論範疇內的知識問題，提升至本體論的位置，這也是認識主體與客體關係的問題；第二部分則從這三個學派的立場，談論知識的「主體間性」問題。

（一）從知識的認識論到知識的本體論

「生活世界」對現象學、詮釋學和批判理論而言都是一個重要概念，它對知識的認識論問題提升到本體論的高度（相對於實證主義而言），具有關鍵作用（蔡美麗，1990：179-81）。「生活世界」是胡賽爾首先在《歐洲科學危機與超越現象學》中提出的概念，胡賽爾指涉的生活世界主要有兩個層次，即「日常生活世界」（World of Everyday Life）與「純粹經驗世界」（World of Pure Experiences）。[34] 在「歐洲科學危機與超越現象學」中主要指涉「日常生活世界」，在這個先於主題化的日常生活世界中，是充滿主體相互運作的知覺世界（perceptual world），其中的知覺現象是透過社群化而形成的，每一個個人都有參與別人生活的可能性，而自然科學世界只是主題化後的世界群中其中一個世界（蔡美麗，1990：155-

6）。

胡賽爾之所以要鎖定「生活世界」這個主題，是因爲他認爲自然科學的理性掩蓋了追問人生意義的古典理性，因此胡賽爾將「生活世界」作爲一個回歸古典理性，追問人類主體性意義的無疆界場域。胡賽爾認爲生活世界是被自然科學遺忘的意義基礎，古典理性是希臘化哲學追問人生終極存有的態度，而自伽利略出現之後，便將古典理性轉化爲自然科學的理性，將知識數學化，實在的依存關係被化約爲函數關係。自然科學理性是實證主義的科學觀，它排除了人的本體論、形上學問題，任一種從自然科學之外的反思企圖，都會被當成形上學而加以拒斥。

雖然胡賽爾反對實證主義的狹隘理性，又提出直觀性的生活世界，但他並非要選擇主觀主義，而是要超越客觀主義和主觀主義的對立。客觀主義追問世界「客觀眞理」的活動，被視爲認識論、理性和哲學的任務，但胡賽爾認爲世界的「存有」不是自在的第一性的東西，自在的第一性的東西是主體性，是主體性樸素地預先給定世界的存有，然後將世界理性化或客觀化，因此只有澈底追問這種主體性才能理解客觀眞理和世界的最終存有意義（Husserl, 1994: 73）。胡賽

爾發展超驗現象學（transcendental phenomenology）的目的就是為尋求嚴格科學的基礎，而其主要的方法，就是為追求知識絕對自明的開端，而將研究對象中的雜質和可疑成分予以「存而不論」（Phenomenological Reduction）或「擱置」（Bracketed）[35]，以確保絕對客觀性。「存而不論」或「擱置」就是停止判斷，它包括兩方面內容，一是對存在予以擱置，二是對歷史予以擱置。對存在擱置就是要求在研究過程中，完全排除對自然界的世俗信仰，使自我與他人喪失社會、文化相聯繫的形式，成為單子式的先驗自我。對歷史加以擱置是指，排除人們對傳統認識的信仰，因為歷史對胡賽爾而言，並非人類社會的演變過程，而是人類歷史積澱下來的一切認識和知識形式，亦即胡賽爾所稱的「先入之見」或「偏見」（prejudice）（涂成林，1998：55-6）。現象學的「存而不論」方法，並不是否定外部世界的實在性，而是暫時性的將被扭曲、混雜的觀念放入括弧中（擱置），再由先驗主體未被污染的直觀能力洞察世界的本質，因此對胡賽爾而言，超驗現象學避免了主觀主義將客觀世界化約到思想的缺陷，也未忽略客觀主義的本體論假設（Soper, 1999: 53）。

胡賽爾的現象學方法被海德格所繼承，但胡賽爾的「生活世界」內涵卻被後期的海德格所轉向，而海德格的「生活

世界」內涵，對之後詮釋學和批判理論的發展，影響力不下於胡賽爾。簡單來說，胡賽爾「生活世界」中的主體是「爲世界」（for the world）的存有，海德格「生活世界」中的主體或「此有」（Dasein）是「在世存有」（being-in-the-world），[36] 海德格後期的路線遠離了胡賽爾，他爲現象學注入存在主義的色彩，並反思啓蒙理性中的人道主義（humanism）。胡賽爾是爲了尋找絕對客觀性而探究主體，海德格則是爲了解決被拋在世界上的「人」的問題，[37] 而探究「此有」。伽達瑪的詮釋學正是遵循後期海德格的研究方向（Gadamer, 1960: 12），伽達瑪將歷史和語言融入「生活世界」，藉以拓展他的詮釋學內涵，並使詮釋學不再居於方法論的範疇，進而提升到本體論的地位。

伽達瑪認爲我們對知識的探究，不僅是科學及其經驗方式的問題，也是人的世界經驗和生活實踐的問題，用康德的話來說，就是「理解何以可能」的問題，理解的可能性先於主體的理解行爲，在海達格那裡已經表明理解不是主體的行爲方式，而是「此有」的存在方式，伽達瑪的詮釋學就是在這個意義上使用的（洪漢鼎，2001：4）。「此有」概念到伽達瑪的哲學詮釋學中，就轉化爲「功效歷史」（Wirkungsgeschichte），「功效歷史」意指歷史實在性與主體

對歷史理解的統一[38]，置身於傳統中的主體，自身就是歷史性的，主體具有的前見（Vor-Meinungen, pre-understanding）是理解歷史的條件，而非理解的障礙[39]，因此理解本身不是主觀性的行為，而是一種置身於傳統事件中的行動，在這行動中過去與現在不斷地進行中介（洪漢鼎，2001：200-9）。理解就是歷史和主體的辯證（dialectic）活動，主體置身於歷史和對象中進行理解活動，而真理是透過這種辯證性的理解活動中顯現的，不是靠「方法」，因此理解活動是本體論問題，不能化約到認識論範疇。

　　法蘭克福學派的知識論立場，同樣著重主體性的作用，並且也受到「生活世界」觀念的影響，將科學知識視為生活世界的一部分。法蘭克福學派批判實證主義的中立性認識論，他們認為實證主義錯誤的割裂主體與客體的關係。和實證主義相反，他們認為知識必然受各種政治、社會因素的干擾，故法蘭克福學派認為必須以「總體性」（totality）[40]的立場看待知識的生產。正如阿多諾所指出的，科學研究的事實以「總體性」為中介，社會本質上也是以主體為中介，因此想要瞭解客體的主體，不應否認自己具有的主觀性。哈伯瑪斯亦主張，主體的旨趣（interest）是知識的構成要素，不同的旨趣會形成不同的知識。（陳振明，1992：90）

第
二
章

後
現
代
主
義
對
客
觀
知
識
的
批
判

　　法蘭克福學派對實證主義的批評大致有三點：第一，實證主義不能掌握社會生活的真正意義；第二，由於它注意的只是現存的事物，因此它傾向維持現有的社會秩序，反對激烈變化；第三，它不但和「技術官僚的宰制」有密切關係，而且也是維繫與創造此一宰制形式的主要因素。整體而言法蘭克福學派對實證主義的批判是一種對「科學與技術理性」作為新宰制形式的批判（Bottomore, 1991: 22, 30-1），並且將社會批判和知識論批判結合在一起。後期的哈伯瑪斯開始嘗試結合詮釋學與批判理論，建構完整的知識論立場，而霍克海默、阿多諾等人對實證主義的批判觀點便成為哈伯瑪斯重要的知識論根源。哈伯瑪斯的知識論中有兩個重要主軸，一個是他的溝通行動理論，旨在建構出理性的討論情境，使主體間的溝通能在這種情境中進行而不被意識形態扭曲，獲得理性的共識，這個主軸在「主體間性」的部分討論；另一個是知識與人類旨趣的關係，亦即知識是受旨趣所導引的，不同的旨趣會造成不同導向的知識型態，以下就此問題簡單的說明。

　　相較於胡賽爾、海德格和伽達瑪將知識的認識論問題轉為本體論問題，哈伯瑪斯強調在實證科學的影響下，知識（或認識論）如何產生社會性後果。在哈伯瑪斯的立場上，

認識論必須轉變為社會性的理論，這個立場建立在一個前提上：知識與歷史是融為一體的，因此知識會受意識形態影響，並且也會造成某種社會後果，社會就在知識與意識形態相互影響的辯證狀態下發展（Habermas, 1968: 23; Outhwaite, 1996: 28）。哈伯瑪斯指出，人的認識過程存在一種生活聯繫，即旨趣聯繫，旨趣的目標是此有（Dasein），因為它對人們感興趣的事物展現某種慾望（Ibid.: 211-23）。人的認識旨趣引導他們對知識的興趣，以往個人的價值、興趣、利益等因素都歸於主觀性因素，「客觀知識」與生活旨趣是不相容的，欲獲得客觀知識必須將主觀因素排除，但哈伯瑪斯認為個人的興趣能夠決定他對知識的取向（orientation），因而構成知識活動的先決條件（黃光國，2001：409）。哈伯瑪斯根據人類生活動機的三種旨趣，區分出三種不同導向的知識型態，包括技術旨趣（technical interest）、實踐旨趣（practical interest）及解放旨趣（emancipatory interest）。其中技術旨趣是人類尋找現象規律性的慾望，它引導出以自然為研究對象的「經驗──分析科學」（empirical-analytical science）；實踐旨趣是以「溝通行動」的行動方式，瞭解他人的意向和行為，進而導引出以「理解」作為認知對象的「歷史──詮釋科學」（Historical-hermeneutic science）；技術旨趣以實證科

學為主，實踐旨趣以詮釋學為主要對象，解放旨趣則是哈伯瑪斯從批判理論的立場所創，即人為擺脫政治、社會等意識形態的宰制，而導引出改造政治社會的批判科學（critical science）。而這三種認識旨趣和構成的三種科學，又透過勞動、語言和統治這三種中介而發展（Habermas, 1968: 132）。

（二）主體間性

經由胡賽爾、海德格、伽達瑪、哈伯瑪斯等人的發展，使知識的認識論問題成為本體論問題。由此立場出發，認識活動便不再是實證主義主張的型態，客體不是被動的為主體所認識，主體之間也無法透過中立性語言探究被動的客體，主客體之間是處於辯證的共存狀態，而非單向的認識活動。以上說明了胡賽爾等人對知識的主客體關係的立場，現在必須說明的問題是，如果站在這種「融合主客體關係的生活世界」的立場出發，那麼知識的溝通和認可要如何進行和決斷？也就是說，由於知識的創造是歷史性和社會性的過程，因此我們無法預設知識的客觀性，那麼我們在生活世界中，要以什麼方式獲得客觀知識？必須先指出的是，「知識」在這裡的意義已不同於前文關於科學哲學部分的內涵，因為知識的意義在海德格那裡有了微妙轉變，就是主體不只是為世

界（for the world）的存在，知識目的也不只是爲了理解自然，而是爲了理解人的「此有」（Dasein），並使人從科技理性的束縛中解脫出來，恢復「主體」的價值，用哈伯瑪斯的話來說，就是解放的旨趣。

在邏輯實證主義的立場上，中立性語言（或物理語言）是構成主體間傳達意見和感覺的工具；在現象學、詮釋學和批判理論這裡，語言仍然是構成主體間性基礎的關鍵因素，但是他們不認爲有中立性語言的存在，更重要的是，他們認爲語言不是一種工具，而是構成生活世界本體的核心。從伽達瑪的觀點來看，語言本身就是歷史的產物，歷史沒有絕對客觀性的問題，只有理解和詮釋的問題，因此語言不可能有所謂的「中立性」。

胡賽爾論述主體間性的問題，是以「他我」（Other Ego）作爲建立主體際世界（Intersubjective World）的出發點，雖然胡賽爾用以聯繫自我與他者的關鍵環節，是「意識流」而非語言，但胡賽爾想要超越笛卡兒式的唯我論困境，仍歸於失敗。[41] 海德格不僅比胡賽爾重視語言，他也把語言的功能性擴展的更寬廣，使得語言不僅是溝通工具，也是構成世界的本體。從海德格的立場出發，語言是從「此在」（Dasein）

的基礎上開展出來的[42]，語言不僅僅是主體向他者的溝通工具，語言本身也是讓事物成爲存在的基礎，不是人說出語言，而是語言將存在召喚出來，語言的本質不在語言之外，而是語言本身，語言揭示存在的中介物則是詩歌（高宣揚，1991：95-105）。海德格在多本著作中闡述了語言和存有的結構關係，在《走向語言之途》中才眞正完成這個任務[43]，但海德格以詩歌做終結，眞理和語言都被「詩化」了，這種觀念被許多人認爲是走向神秘主義。不過即使如此，他的語言觀對之後詮釋學的發展仍發揮重大的影響力。

伽達瑪從海德格鋪設的道路繼續走下去，將生活世界和語言融合在一起。他指出一切理解都是語言問題，一切理解都在語言性的媒介中獲得成功與失敗，但是這種理解和語言不是從工具角度界定它們的本質和功能，反而語言的交流本身即爲一種生活方式。理解是消除誤解的活動，自然科學家是通過實驗和計算去認識陌生的東西，理解的科學則是消除「你」和「我」之間的陌生。人與人之間的理解之所以具有普遍性和合法性，是因爲一致先於理解，理解是回歸到原始的一致性。語言的交流之所以就是理解活動，是因爲語言不斷建造並擔負這種世界的共同性，語言的共同性是在理解的過程不斷被創造出來的，它也同時是理解的基礎，這種語言

的流動方式讓主體間能超出原有的視域，使「視域融合」（Horizontverschmelzung）成為可能。因此語言不是一種工具而已，它不是詞彙、句子和概念的組合，也不是強加在我們身上的習俗或負擔，而是使理解整體不斷流動的創造力，並且這種理解活動也不會落入相對主義，因為我們不是被禁錮在語言的牢籠中，而是相互站在各自有限性的基礎上開展無限性的對話。（Gadamer, 1960: 203-18, 227-35）

伽達瑪的主張顯示出他很關鍵的知識立場，就是對他者異己性的承認：使他者成為認識的對象，就是一個基本的真理追求。將他者的觀點客觀化不保證我們能分享他的觀點，但只有「我們」之間能分享的東西才可能成為真理，因此所有真理的知識都是分享的知識。（洪漢鼎，2001：221）

哈伯瑪斯站在反對實證主義的工具語言觀，和伽達瑪是站在一起的，不過哈伯瑪斯對於伽達瑪的語言溝通內涵，卻持批判態度。哈伯瑪斯認為伽達瑪忽略了主體間溝通被扭曲的部分，伽達瑪所忽略的，除了以上所提到的認識旨趣是構成知識型態的前提之外，他也忽略了理性化的系統對語言、溝通活動和認識過程的扭曲作用，甚至相當程度上認可了這種扭曲。[44]哈伯瑪斯藉由「生活世界」和「系統」（system）

這兩個概念，說明語言如何被制度化的權力關係給扭曲，進而主張應塑造理性的言談情境，以使人們以「無扭曲的溝通」獲得更穩固的共識。「生活世界」是一個前工具性的存有領域，它根植於個人直接的生活感受，文化、社會和個體是生活世界中的結構要素。生活世界的理性化，使政治、法律及經濟等系統獲得解放，但金錢和權力成為系統整合的操縱媒介，並取代了語言在生活世界中的溝通功能，在系統機制的膨脹下，生活世界成為次系統，這種現象是「系統對生活世界的殖民」（黃光國，2001：403）。哈伯瑪斯認為，一個解放的社會，就是生活世界不再被系統所宰制的社會，但除了這種理想的言談情境（ideal speech situation）之外，也必須具備溝通能力（communicative competence），才可能達到無扭曲的溝通（Pusey, 1989: 83-99；黃光國，2001：402-3）。哈伯瑪斯認為，只有回溯生活世界之形成脈絡的視域（context-forming horizon），回到溝通參與者能夠從它內部跟其他人取得對某一事物理解的視域中，我們的視野才會改變（Habermas, 1984: 337）。

　　在談到現象學、詮釋學和批判理論這三者和實證主義的知識論差異前，必須先說明的是，實證主義指涉的「客觀知識」和前三者指的「客觀知識」意義存在某些差異。實證主

義追求的客觀知識，主要是經由被認可的科學方法獲得，科學理性是這些科學方法所要求的首要條件，客觀性中的科學社群共識成分只是輔助性質，科學社群的共識也是科學理性的凝聚，因此它不易偏離眞理的方向。現象學和詮釋學中所要追求的眞理，不意謂實證主義的「客觀知識」，至少它不侷限於自然科學的知識，它們所欲求的眞理是人處於歷史中和他者分享的共同經驗，它立足於生活世界中，也從生活世界中獲得，這種眞理或知識不是外在於人的歷史而被我們所發現的，而是歷史實踐的產物。對實證主義而言，只要能獲得客觀知識，就更能解決人類面臨的許多問題，即使實證主義者把價值和事實分開，但他們認爲在解決價值問題之前，必須先瞭解支配我們的客觀規律。對現象學、詮釋學和批判理論而言，實證科學的結果本身就在製造問題，理性和知識不應被狹隘的自然科學化，精神科學或社會科學運用自然科學方法的結果，就是蒙蔽了知識應有的價值，即知識是爲了人的生活而存在，而非因人追求科學理性而被科學理性支配。

從以上說明可知，現象學、詮釋學和批判理論的知識論傾向，相較於實證主義有兩點重要的轉向。第一，由於「生活世界」概念的引入（即便現象學、詮釋學和批判理論的概

念有所出入），使得知識的目的發生變化，進而影響知識的構成基礎。這個世界並非卡納普那種「邏輯世界」所構成的，對胡賽爾而言，要追求客觀真理，必須先追問的是「主體性」的秘密，而非邏輯結構，自然科學只是生活世界的一部分，而海德格的「此有」（Dasein）、伽達瑪的「功效歷史」、哈伯瑪斯對「系統」的反抗，均是在生活世界被實證科學威脅的情況下，為維護「人」的尊嚴而出現的反動；第二，實證主義探求客觀知識，追問的關鍵是認識論的基礎，即如何建構出可相互溝通的語言工具，實證主義者相信只要掌握確定性的工具，就可以獲得或逼近客觀知識。從現象學到詮釋學，探求知識的目的是為了實現人的尊嚴，因此他們追問的不是認識論基礎，而是在本體論意義上，連結「我們」的基礎在哪裡。對他們而言，並不是先瞭解客觀自然加諸在人身上的規律性，然後才能解決人在生活中所面臨的政治、社會以及各種價值問題。由此觀點看來，我們並不能從認識論的方法解決本體論的問題，相反的，應是從歷史或生活世界之中，藉由人與人之間的真誠交流而使真理顯現。因此在本體論意義上，連結「我們」的基礎必須先實踐出來，但這種連結基礎不是被實踐後才有的，照胡賽爾和伽達瑪的理解，它先於主體間的溝通而存在，但「我們」的連結性必須經由溝通實

第二章　後現代主義對客觀知識的批判

83

踐才能發現，而不是靠實證主義的方法論和認識論。

　　由此分析來看，實證主義和現象學、詮釋學與批判理論是處於對立面的，不過它們還是有共同點，就是仍重視「理性」的作用，或是仍信仰「理性」。雖然現象學、詮釋學和批判理論均批評實證主義的理性觀，但他們主要是批評實證主義的理性範疇太過狹隘，並反對將自然科學理性下的方法，同樣運用於精神科學，他們所重視的主體間的交流理解，主要也是立基於理性的力量[45]。實證主義欲摧毀形上學，而將理性轉化為自然科學理性；孔恩和費耶本批判實證主義時，指出了理性的限制並為理性賦予歷史性，但這種歷史性被拉卡托斯消融在他的「科學研究綱領」中；現象學、詮釋學和批判理論批判實證主義的理性觀時，反而將理性的範圍更形擴大。然而，真正將理性解構的力量，是站在這些思想家肩膀上的後現代主義者真正開始醞釀的，以下整理出後現代主義的知識分析，再行詳加說明。

第三節　後現代主義的知識立場

一、後現代主義的概念脈絡

　　在二十世紀世界大戰期間,西方各種思潮相互激盪之後逐漸浮現「後現代主義」的思潮,這種思潮展現出前所未有的廣度、深度和蓬勃的理論力量。在人文科學方面,激盪出「後現代主義」的思想包括現象學、詮釋學、批判理論、存在主義、結構主義〔包括阿圖塞(Louis Althusser)的結構主義的馬克斯主義、索緒爾語言學和李維史陀(Claude Lévi Strauss)人類學的結構主義〕,以及後實證主義中對實證主義做深刻反思的諸多學派(如孔恩、費耶本等人)等,因此這種多元性和複雜性使得「後現代主義」難以被給予明確的定義。各理論家對「後現代主義」的定義皆有所不同,有些理論家雖不認為以「後現代性」能準確說明現代社會的特徵,但他們和後現代主義者所承認的現代社會之特徵,亦有許多共通處,因此學者們難以藉由指出明確的後現代主義者來定

義「後現代主義」[46]。雖然後現代主義涉及美學、文學、社會科學、哲學等各大領域，且這些領域的進展都在互相影響，不過後現代主義者對知識的哲學、政治、社會與文化批判，仍是構成後現代主義內涵的基本核心。以下先指出看待後現代主義的幾種主要視角，再對後現代主義的知識批判做概要的分析。

首先說明從「現代主義──後現代主義」的對比來描述後現代性的分析角度。後現代主義一詞是起源於建築、繪畫等藝術領域，在1970到80年代才逐漸被貝爾、李歐塔、德希達、傅柯、哈柏瑪斯、詹明信、布希亞等思想家理論化[47]。這些理論家在對後現代主義下界定時，常和現代主義一詞相互參照，但這兩者主要的關係並非時間序列關係[48]（以時間序列來指出現代主義與後現代主義的界線，從社會學的分析方式可以明顯見到，在以下「資本主義與後現代主義」的部分會加以說明），而是具有否定、超越與辯證的關係。李歐塔認為，後現代是屬於現代的組成部分，或是現代主義的初始狀態，而非現代主義的末期，並且這種狀態是川流不息的，例如蒙田的隨筆散文是後現代的，雅典娜學院（The Athaeneum）的片簡是現代的（Lyotard, 1979: 207-10）。傅柯則將現代性與後現代性都理解為某種特定「態度」，而非特

定的歷史時代，他以波特萊爾為例舉出現代性的態度，包括與傳統斷裂及創新的情感、將當下的即時事件加以「英雄化」使之處於「流浪活動狀態」的態度、不斷強迫自己去完成創造自身的態度等。傅柯將後現代的態度稱之為「對於我們自身的永恆批判」，這種批判即是對自身和歷史的構成不斷的「提問」或「成問題化」（problematic）（Foucault, 1994: 570-2）。

　　李歐塔和傅柯將後現代性與現代性的特徵予以「事件化」，而非以某個時間點將兩者「斷代」。然而就一般性的理解而言，現代性是指啟蒙運動以來的資本主義歷史特徵及其基本原則。資本主義的誕生和發展可追溯至十四世紀左右，但經過十八世紀的歐洲啟蒙運動，以及美國和法國的資產階級大革命，才產生和中世紀特徵迥然不同的「現代性」精神及生活，而構成這種現代性的核心價值就是「主體性」與「理性」。1930 至 1940 年代資本主義全面繁榮之時，現代性的內在矛盾才初次呈現出來，勞資衝突導致各重要工業國家罷工運動的興起，並發展為 1848 年政治革命的浪潮，在那之後，後現代主義就成為從現代性派生出來的批判和自我超越的力量（高宣揚，1999：109-113）。由於後現代主義批判現代主義所造成的種種弊病，因此啟蒙傳統中對人的「主體性」

和「普遍理性」的預設，也成為被攻擊的鏢靶，後現代主義者對其他觀念及價值的批判，如歷史觀、空間觀、知識論等，也都是圍繞在這兩者的批判上而展開的。

第二，後現代主義雖然在各不同領域占有不同地位與特色，但整個後現代思潮和西方資本主義的高度發展有密切關連，後現代理論也是根植於資本主義社會而開展的。從社會學領域來看，後現代主義和資本主義擴散與極致化的趨勢有高度關係，因此貝爾的「後工業社會」概念，是開啟社會學領域後現代風潮的關鍵點。各理論家在後現代思潮中的論辯，最重要的理論制高點之一，就是對當代社會特徵的描述，此問題在社會學中主要的爭論，就是當代社會究竟是否為「後現代」的社會？「後現代」社會和「現代」社會是否具有明顯的斷裂特徵？不論是站在後現代立場或是反後現代立場，絕大部分理論家都不會否認當代社會的變遷發展和資本主義的擴散與深化有密切關係。在這場爭論中，紀登士（Anthony Giddens）對「後現代」一詞持保留的立場，貝爾和詹明信則肯定後現代的斷裂性。[49] 紀登士認為當代社會的發展只是現代化的極端表現，而這種極端化的現代性又是伴隨全球化的過程而擴散的，但這個階段並沒有和現代性有斷裂性的差異[50]。貝爾則以「後工業社會」稱呼當代資本主義

高度發展的社會，認爲在這種社會之下，資訊和知識已成爲新的社會組織原則（Bell）。詹明信以「晚期資本主義」代替「後現代主義」一詞，他認爲後現代主義無法脫離晚期資本主義世界文化領域中的基本變化而獨存，所謂的後現代其實是資本主義在全球的滲透和同質化（homogenization）的結果，而這種結果迥然不同於早期資本主義的社會現象[51]。在政治學方面，資本主義全球化引起各種複雜的政治衝擊，包括國家疆界的模糊、認同（identity）的多元性、新的殖民主義宰制形式和反抗形式等，因此相應的也使政治學者從後現代主義的問題意識反省古典政治學的觀念，並產生各種新的研究領域，如文化研究、女性主義、後殖民主義等。從哲學領域來看，後現代主義和後結構主義的連結較爲密切，因此後現代主義在哲學領域的主要焦點，是對語言與主體的分析與批判，然而他們都是在一個假設基礎上進行分析，即當代世界的趨勢是朝向「後工業時代」的方向發展，或已經身處於「後工業時代」、「晚期資本主義」等[52]，因而有許多重要的後現代主義哲學家（如布希亞、巴特、德勒茲等人）對資本主義高度發展所導致對人類的壓抑和宰制等現象，做更深刻的批判和反思。

第三，後現代主義和後結構主義（poststructuralism）常

被相提並論，此兩者的發展有密切關係，可以說後結構主義是後現代主義的重要源頭，而後現代主義比後結構主義具備更廣泛的文化和社會現象（Steven & Kellner, 2001: 32）。從結構主義到後結構主義的思想脈絡主要是在法國發展的，二次大戰之後的法國從陳舊的農業國急速發展成現代化國家，爲描述這種新的社會變遷，美國的「後工業社會」概念被引入法國學術界；1968年的巴黎事件後人們的革命衝動與失落感，也爲即將來臨的後現代理論創造出滋生條件。現象學、馬克斯主義和存在主義原本處於法國理論界的主導地位（Pester, 1975; Descombes, 1980），到了六〇年代主流理論被語言學取向的結構主義和拉康的精神分析所取代，這兩種思潮都提出了新的語言、理論、主體性與社會概念（Jameson, 1972; Coward and Ellis, 1977; Frank, 1989）。

結構主義最重要的起源是索緒爾的語言學，在索緒爾之後，經由李維史陀的結構主義方法而發展的文化人類學，震撼了法國哲學界，而拉康以索緒爾的語言學批判佛洛伊德的精神分析學，亦導致日後精神分析學界的學派重組……，從這一系列的影響，可以說從結構主義到後結構主義，索緒爾的影響力一直都起重要作用。

　　簡單來說，結構主義中的結構，是指一個共同體中各部分所組成的相互關係，這種相互關係不受人的意志所支配，而是受無意識的符碼規律所導引產生的。索緒爾在他的語言學中，以能指（signifier）與所指（signified）這兩個概念說明語言結構，能指是指涉某對象的音響形象（sound-image），所指是被指涉的概念（concept），這兩者之間的關係是任意的（arbitrary）而沒有必然性，這種任意性是指能指與所指的關係僅是偶然的文化產物，故這兩者的關係會隨時間推移而產生不同的組合。索緒爾指出語言的演變具有歷時性（diachrony）和共時性（synchrony）兩種特質，他所強調的語言共時性，即在語言中超越時空不變的深層結構（Saussure, 1966）。從索緒爾的語言學出發，啟發了之後的結構主義者，包括李維史陀的文化人類學、羅蘭巴特的符號學與神話學等。結構主義強調社會或文化整體的符碼規律，主體僅被視為語言或無意識的產物而被非中心化，因而成為語言和社會文化等的建構物（Steven & Kellner, 2001: 23-5）。後結構主義和結構主義的活動都是在消解主體，但結構主義的方式是挖掘社會文化深層的確定性結構，凸顯出推動歷史發展的不是主體的意志，而是潛藏在人類集體意識下的固定結構；而後結構主義的方式是將焦點著重在人是如何被那些不

確定的、游移的、不可駕馭的語言和慾望給制約和建構。因此對後結構主義而言，建構主體的不是確定性的共時性結構，而是不確定性的歷時性結構或一連串零碎的偶然「事件」（events）。

從後結構主義解構主體的活動來看，解構是同時具有批判和抵抗（resistance）的活動，一方面，後結構主義者批判結構主義對真理、確定性和客觀性的追求，是一種科學主義的傲慢，和實證主義所犯的錯誤同出一轍，他們認為意義不是確定的，而是不斷的延異（difference）和擴散（dissemination）的生成過程，因此我們不可能追溯出永恆不變的結構；另一方面，後結構主義也和結構主義一樣在挖掘建構和制約主體的要素，但結構主義不會像後結構主義對這種結構展現抵抗的態度，因為對結構主義而言，主體被鑲嵌在恆常的社會結構中而失去能動性很是自然的結果，但後結構主義認為，主體性是被那些流變複雜的話語力量撕碎再重組，這不僅是一種主體意義被建構的過程，更代表外在霸權對身體慾望的壓抑，因此對於一個「個人」而言，在各種事件的權力漩渦中與那些宰制力量鬥爭仍是必要的。

二、後現代主義的知識立場

後現代主義的知識立場，必須站在上述後現代主義的脈絡背景才能適當的加以理解。一般而言，後現代主義的知識論相對於「現代性」的知識論，「現代性」的知識是連續的、共時性的、必然的、結構性的；「後現代性」的知識則是斷裂的、歷時性的、偶然的、解構性的。但這些特徵無法充分說明後現代主義知識立場的哲學根源，以下擬由「認識論」和「權力」這兩者和知識的關係，切入後現代主義的知識觀。

在認識論方面，後現代主義主張「反基礎主義」（anti-fundamentalism）或「反本質主義」（anti-essentialism）的認識論，即知識的背後並沒有絕對客觀、確定性的基礎在支撐它，因此我們也無法通過特定的認識論途徑逼近真理。後現代主義對認識論的解構策略主要有兩類，第一是從語言的不確定性瓦解各種陳述和知識的確定性，第二是指出不同的身分認同（identity）對認識論會有不同的採擇，進而影響知識的生產過程。這兩者的根源其實是緊密相關的，因為自西方啓蒙傳統以降，知識教化就和主體的塑造過程密切結合，因

此人本身的認識能力、位置、意識等，都構成整個認識論的前提，而既然認識論預設了每個人的認識位置和意識等都可以被固定在同一個平台上，那麼作為溝通工具的語言就是一個待於克服的技術性問題。如此後現代主義對知識及認識論的解構路線，很自然的就從語言和主體這兩條線路並行。

在知識與權力的關係上，傅柯的理論貢獻眾所周知，但意識到權力對知識的影響並非傅柯才開始，知識與權力關係的理論脈絡也並非僅有一種，以下主要指出兩種「知識——權力」理論的傳統，一為馬克思主義傳統，二為尼采傳統，兩者都對後現代主義的知識論發展產生深刻影響。前者主要由曼海姆的知識社會學所承襲，其中的關鍵概念不是權力，而是意識形態（但它仍構成權力網絡的一環），馬克思主義強調知識背後必有特定意識形態或利益在支撐它，布爾迪厄論述知識與權力關係的途徑較為接近此種傳統。後者則是傅柯主要的思想路徑，他從尼采的權力意志（will to power）和系譜學（genealogy）開展自己的知識觀，這一部分也會在第三章詳加敘述。

（一）反基礎主義的認識論——語言與主體的解構

由實證主義到後現代主義的發展觀之，語言邏輯是構成認識論的關鍵要素，而後現代主義批判知識論的關鍵策略，也是以解構話語論述爲主（高宣揚，1999：260）。實證主義中的分析哲學傳統強調語句的邏輯性與確定性，尤以卡納普的物理主義奠定認識論的語言邏輯基礎。從孔恩、費耶本到胡賽爾、海德格、伽達瑪等均反對將語言僅視爲溝通工具，他們認爲語言本身就是歷史的積澱，語言本身可以幫助不同文化背景的人融合視域，但它不可能被人們不帶偏見的使用。後現代主義對語言確定性的解構，一方面是承襲現象學與詮釋學的理論資產，以及後期維根斯坦的語言哲學等，另一方面則汲取後結構主義的語言學批判，而批判的對象則是以索緒爾爲主。

後結構主義者們批判索緒爾的結構主義語言學，皆離不開索緒爾的關鍵概念，即「能指」與「所指」的關係。索緒爾以「能指」與「所指」這兩個概念說明語言的構成，指出某個對象的「概念」（concept）和其「音響形象」（sound-image）具有特定的聯繫關係，能指與所指的聯繫關係雖會隨時間推移而產生變化，但它仍具有穩定的深層結構不會被改

變，索緒爾稱之為語言的「共時性」（Saussure, 1966:65-70）。索緒爾的語言學構成結構主義主要的理論根源，因此也是後結構主義所反省的主要目標。後結構主義者對索緒爾所做的批評方式，主要是將被索緒爾所固定住的「能指——所指」關係鏈打破，拓寬這兩者之間的歷史鴻溝，不同的後結構主義者以不同的策略解構能指與所指。例如，德希達以「延異」（différance）和「蹤跡」（trace）概念批判索緒爾的語言共時性。

德希達指出索緒爾和西方傳統形上學一樣，皆具有「語音中心主義」（phonocentrism）的偏見，他認為西方的形上學傳統將語音置於文字之前，以為話語可以使真理「在場」（presence），但帶出的總是真理的「缺席」（absence）。德希達強調文字較語音更具重要性，文字的流傳對於事物的意義具有「變異」（differ）與「推遲」（defer）的效果，此即文字的「延異」性質。簡單的說，「能指」隨著歷史遷移和解讀者的不同，可以變幻出比「所指」更多的可能性，能指的變遷形成多種意義的「蹤跡」，因此在開創人類生活的可能性上，能指的重要性更甚於所指。[53]

在德希達之前，拉康（Jacques Lacan）和羅蘭巴特

（Roland Barthes）可說是使結構主義過渡到後結構主義的關鍵性人物。索緒爾則將語言的形式置於內容之前，並認為能指與所指的關係是被文化「任意」的決定，亦即語言是被文化習俗產生出來的共識，但索緒爾仍認為語言的歷時性變化無礙於整個語言的形式結構。羅蘭巴特亦將語言視為歷史文化的產物，而他更細緻的從資本主義社會的邏輯觀察語言結構。巴特站在索緒爾的符號論基礎上，並綜合現象學、詮釋學、新馬克思主義、存在主義、文藝理論等成果，發展出他的「符號學」（semiology）和「神話學」（mythology）[54]。巴特認為，一切符號（sign）一旦在社會文化中被使用，儘管符號本身及其結構在表面上沒有發生任何變化，但也會變成與原來符號意義不同的新事物，這種新事物是由於符號的使用者、使用意圖及使用環境的不同而產生。一個符號體系不是簡單的被文化整體所決定的，在晚期資本主義社會，符號是一連串被神秘化與自然化的過程，它不需要和傳統文化一樣，將立足於社會共識上的固定參照體系當成基本架構。由於晚期資本主義社會文化生產與再生產的活動，使符號體系不斷更新，並將資本主義意識形態自然化，因此其正當化程序也無須經過協議和共識，而是完全依賴創造與更新符號體系的文化生產者來決定。從巴特的分析可以得知，後現代文

化的文化再生產過程，雖然表面上是客觀中立的形式，但實際上已演變爲受符號生產者宰制的神秘意識形態的運作活動（Barthes, 1989）。巴特解構符號、批判資本主義體系神話運作的隱晦過程，構成他從結構主義走向後結構或後現代主義的重要基礎。

語言和主體的形塑皆構成西方認識論的核心，因此在批判認識論的過程中，解構語言的活動也離不開解構主體，或是說解構語言的過程也導致主體的被解構。拉康便結合了佛洛伊德的精神分析和索緒爾的語言學，進行解構主體的活動。拉康指出，佛洛伊德精神分析理論中指涉的潛意識，便是由語言系統構成的，簡單來說，「語言結構是潛意識內在結構的外化」，或「潛意識就是被內在結構化的一種語言」。和傳統哲學相反，拉康認爲不是主體決定潛意識和語言，而是主體被語言與潛意識決定，但他所指涉的主體已經和傳統哲學有所不同。在拉康的立場上，語言所代表的是社會文化整體脈絡所塑造的意義體系，主體則是被自己的慾望和語言所形構出來的「他者」，作爲主體的「他者」，其實只是在話語交流中想像出來的「自我」，它是一個對象，因此並不存在真正的自我。根據這個立場，拉康指出索緒爾的「能指」欠缺佛洛伊德所說的潛意識基礎，並且能指與所指也不是簡

知識與權力

單的對應關係，而是前者對後者的壓抑關係。對拉康而言，能指是可見的、可感覺的物質，所指是不可見的、暗指的部分，亦是被壓抑的部分，因此也是缺席的，它始終都由能指所指定。拉康對後現代主義批判知識的立場上有許多重要的理論貢獻，他建構出主體各種複雜的本能慾望基礎，使主體超出理性原則，為後現代主義鋪設出反理性的歷史本體論。另外，拉康在各種語言論述的分析中，發現了語言論述的社會權力脈絡，這些貢獻影響了巴特的符號論、布爾迪厄的社會人類學等。（高宣揚，1999：221）

　　後現代主義在解構現代知識與認識論的活動中，對語言的解構是關鍵性的途徑，另一個關鍵途徑是解構主體，這在拉康的精神分析學、傅柯對身體的分析（見第三章）等均可看見，而對汲取後結構主義思想的後殖民主義與女性主義而言，解構主體的策略別具政治意義。女性主義者克里斯多娃（Kristeva, Julia）吸收拉康的主體和語言概念，形成她的「意指」（signifiance）理論，該理論包含話語的表演結構和「符號語言域」這兩個要素。克里斯多娃指出，理性主義假設主體是一個被固定於主客體關係中統一的、自知的主體，這種主體透過語言系統中的主詞與賓詞而被實現，這種主體可稱為「表演的主體」（the thetic subject）。語言本身則是潛意識

的材料，是被壓抑意義的場域，它超越了理性與象徵秩序
（symbolic order）的界線，這種具有被壓抑性的語言構成
「符號語言域」（semiotic chora），主體即是在符號語言域中的
交流過程被組織而成的。主體在某種雙向過程中被塑造，一
方面理性語言將符號語言邊緣化，以保存統一主體的穩定
性，另一方面在符號語言域中，非理性話語如詩歌、藝術、
宗教等又展現了表演主體的暫時性與不穩定性，這種力量對
統一主體起著否定性作用。（Weedon, 1987/1994: 88-91）。克
里斯多娃以意指理論批判女性被男性壓迫的過程，她認為不
存在那種本質主義式的「女性」，女性是被男性話語界定出
來的產物，「她」的構成被男性的話語系統所壓抑，但同時
也在符號語言域中和男性權力進行鬥爭，界定出自己的身
分。同時身為女性主義與後殖民主義者的史碧娃克（Spivak,
Gayatri），深受德希達的解構理論所影響，她所批判的對
象，除了西方殖民主義的意識形態、文化霸權之外，更指向
那些同情第三世界的西方知識份子以及生產後殖民論述的第
三世界知識份子本身，她並將女性主義和後殖民主義之間的
矛盾激化，使得知識的政治學更形複雜，也產生比西方的解
構理論更緊繃的政治張力。史碧娃克指出，傅柯、德勒茲等
後現代主義者認為，他們能夠和剝削第三世界的總體系脫離

關係，為非主流階層（subalterns）爭取權利而鬥爭，但是西方的知識體系和這種剝削體系有密切關連，並且後現代主義者們質疑「再現」（representation）本質的可能性，那麼他們要如何「代表」（representation）被殖民者或非主流階層說話？因此西方的知識份子所採取的同情姿態，和西方帝國主義時代為被殖民者建構主體位置的方式是一脈相承的（Spivak, 1988）。史碧娃克亦將後殖民主義和女性主義的問題意識相互揉合，她認為第三世界的女性受到雙重壓迫，一方面受西方殖民霸權壓迫，另一方面受男性霸權壓迫，西方的女性主義者對第三世界婦女所表現的同情，只是一種凸顯他者的差異性來確認自己主體性的「認識論暴力」，她認為克里斯多娃所著的《中國婦女》即是一個典型範例[55]。

由後結構主義對主體和語言的解構，以及後殖民主義和女性主義藉此批判西方中心主義或男性中心主義的認識論霸權，可以看出語言、主體和政治這三者的密切關係。雖然後現代主義、女性主義、後殖民主義等思想家皆在批判啟蒙傳統乃至邏輯實證主義傳統的知識觀，但基於不同的認識位置與政治立場，他們的論點卻可以相互批判和解構，並產生不同的政治效果。對西方的後現代理論家而言，他們要擺脫統治西方知識圈數百年的啟蒙理性霸權，因此以解構知識體系

根源的方式來反省自身;對後殖民主義者、女性主義者在以西方後結構主義、後現代主義理論批判西方知識霸權的同時,也在戒懼謹慎這些理論武器會傷及自身,因為後結構主義欲解構的,就是他們本來想在歷史灰燼中重新拾起的東西——主體性。

(二)「知識——權力」論述的兩個傳統——馬克思與尼采

馬克思主義傳統和尼采傳統各自對「知識——權力關係」的論述概念,提供不同的分析概念、認識角度和歷史本體論假設等,因此使得很多理論家在分析知識——權力關係時深受這些前提和假設所影響。以下僅就這兩種傳統分析知識——權力的脈絡和方式,以及對後現代主義的知識立場產生哪些影響,做簡單的陳述。

馬克思主義分析知識——權力關係,主要是以意識形態和經濟生產關係作為切入點。馬克思認為意識形態是具有虛假意識(false consciousness)的知識,他認為人的意識並非獨立存在,而是被其物質條件(material condition)所決定,因此馬克思有一句名言:「並非人的意識決定他的社會存在(social being),而是他的社會存在決定他的意識[56]」。國家和

資產階級這些社會的上層建築（superstructures）爲維持他們
對其他階級的宰制，將具有剝削性的生產關係合法化，因此
會對其他社會階層灌輸合於自身利益的意識形態，這種意識
形態使得人們錯誤的理解自己眞實的社會存在。對馬克思而
言，意識形態是上層建築虛擬出的遮蔽物，它掩蓋了存在於
資產階級和無產階級之間的不平等關係，以及作爲一種社會
存在的個人價值（Howarth, 2000: 85-8）。因此揭露這種「虛
假意識的知識」只是一種策略，目的在於打破生產關係中的
不平等關係，權力也只是上層建築宰制其他階級的一種工
具，故不是權力影響知識，而是意識形態透過權力的運作蒙
蔽眞理。爾後葛蘭西（Anthony Gramsci）將馬克思主義的意
識形態理論發展爲霸權理論（theory of hegemony），破除意
識形態的宰制作用便更勝於馬克思的策略意義。葛蘭西認爲
整個國家和社會中的宰制關係是有機的（organic），社會中
存在各種不同形式的不平等關係，它不僅限於生產關係和統
治關係，因此馬克思以經濟決定論的方式批判意識形態太過
狹隘。由於宰制關係是有機的而非限於政治經濟關係的，因
此國家和上層建築的宰制者欲有效控制其他階級，最有效的
方式不是靠政治領導（political leadership），而是智識和道德
上的領導（intellectual and moral leadership），因爲占據意識

形態的解釋權對統治階級而言是最重要的手段。這種意識形態的力量比馬克思原設想的更廣泛，它貫穿國家和市民社會（civil society），也融入整個思想和物質體系，因此它不僅是意識形態，而是具有總體性影響力的文化「霸權」（Ibid.: 89-91）。

馬克思主義在經過西方馬克思主義、法蘭克福學派等學派和諸多理論健將發展後，知識──權力的分析方法和理論逐漸分支成許多脈絡，本章第二節中法蘭克福學派的意識形態批判是其中之一，這裡要提及的兩種重要分支，是由曼海姆發展出的知識社會學[57]，以及「後馬克思主義」（Post-Marxism）的演變。

曼海姆吸收馬克思「人的社會存在決定其意識」的觀點，分析知識與意識形態這兩者的關係，創出知識的「社會情境關連論」（situational relativism）。曼海姆認為，各種知識背後必定有對特定階級有利的意識形態在支撐，知識與意識形態的利益關係，可能是受益的階級或團體有意識的在維護，也可能是潛藏在社會的集體無意識之下被維繫（曼海姆著重的是後者），因此不可能存在完全客觀中立（disinterested）的知識。曼海姆指出，知識社會學的任務在揭示各種知

識背後所代表的意識形態，但目的不在於瓦解知識的客觀性或替代認識論的理性功能，而是要彌補認識論的不足。曼海姆認為，揭露知識背後的意識形態，是要將原來支配特定階級的利益關係變成理性討論的對象，加深相對主義和懷疑主義具有強化自我批判的效果，反而可以強化知識的客觀性。（Mannheim, 1936: 48-53; 297-311）雖然曼海姆分析意識形態與知識的關係，並未深刻探討權力在其中的作用，但曼海姆的知識社會學派卻啟發了許多思想家，後來由於後現代主義各種思潮的影響，將權力的作用注入知識社會學的問題意識，更開廣了知識社會學的視野。女性主義者哈定（Harding, Sandra）便將知識社會學傳統和後現代主義的問題意識結合，指出代表普遍理性的認識論背後，其實只是男性生活經驗的再現，再由男性權力的運作將之轉化為「客觀知識」。據此哈定提倡知識的「立場論」（standpoint theory），藉由揭露認識論背後的男性意識和利益，並加入女性經驗的多元視角來強化知識的客觀性（因此她並不能完全歸類在後現代主義）[58]。

　　除了曼海姆將馬克思主義的意識形態觀運用在知識社會學的分析上，另外在經過後現代主義的洗禮下，伴隨二次戰後資本主義的急遽發展所帶來的社會、文化、政經衝擊，許

多思想家如詹明信、墨菲（Chantal Mouffe）、拉克勞
（Ernesto Laclau）等人，將馬克思主義和後現代主義相結合
或相互調整，並形成所謂的「後馬克思主義」（Post-
Marxism）。後馬克思主義在知識批判上和傳統的馬克思主義
有很大的不同，雖然它內部有很多思想家的立場互異，但整
體而言它和馬克思主義的知識立場仍有明顯的斷裂性，也迥
自走出和知識社會學不同的理論路徑。後馬克思主義時期和
傳統馬克思主義的知識觀有幾點主要的差異，其中最重要的
表現是「意識形態」概念逐漸被「論述」（discourse）替換和
超越，即以「論述」理論切入知識——權力關係。以論述代
替意識形態，意味著後現代主義融入馬克思主義的深度，其
中主要的轉變內涵有幾點：第一，後馬克思主義者拉克勞和
墨菲吸收德希達、傅柯等人的後結構主義立場[59]，指出無論
是馬克思或是葛蘭西、阿圖塞等人的修正路線，都建立在經
濟生產的物質邏輯與意識形態的二元論、真假意識的本質主
義與線性史觀的前提上，而意識形態預設了人有固定的本
質，否則「虛假意識」沒有立基之處。拉克勞和墨菲認為所
有關於行動和認識對象的觀念，都是在使意義產生差異的活
動中出現的，這種不斷使各種意義產生差異的話語活動即為
論述。主體在社會中的位置、身分認同在論述活動的過程中

被建構，因此意識並不從「真實的社會存在」產生，馬克思主義也沒有認識論上的優越性可以傳達真實的階級意識是什麼：（Howarth, 2000: 98-102）第二，馬克思主義預設語言是一個傳達觀念的工具，它自外於意識形態之外。但從論述理論的角度而言，語言本身就是鬥爭的產物，意識形態也會滲入語言的使用過程（Mills, 1997: 42-3），因此意識形態的滲透力和影響範圍要比馬克思所設想的更廣泛，「論述」則包含語言和意識形態在社會中形成的複雜力量；第三，馬克思主義「意識形態」的概念預設有能力認識自我本質的主體，主體也可以對抗外在的「虛假意識」。但在論述的體系中，自我本身是被各種複雜的文化政治力量建構的，它並不具有先驗的本質。意識、語言和觀念混雜在政治、文化力量的衝突之中，主體在這種衝突中被塑造，它要抵抗的不是外在的虛假意識，而是被某種宰制力量指定的自我角色（Mills, 1997: 46）。

馬克思主義將知識視為社會衝突下的產物，知識從不同階級或團體的存在意識而派生出來，因此帶有濃厚的利益衝突痕跡，雖然後馬克思主義對馬克思主義有諸多批判和修正，但知識和特定群體利益之間的關係，已構成分析知識——權力的重要著眼點之一，並也因此讓使用這種分析方式

的人帶有馬克思主義的色彩，例如布爾迪厄對知識場域的分析即很注重不同場域利益的驅力，而使得許多學者將他和馬克思主義傳統放在一起（見第三章）。

知識——權力分析的尼采傳統展現了另一種風格，很多學者認為後現代主義的許多知識立場，如反本質主義、視角主義（perspectivism）的認識論等，均和尼采有非常密切的關係。在諸多後現代主義者中，傅柯、德勒茲等人對尼采理論的吸收和運用是最顯而易見的，因此他們二人堪稱後現代主義中尼采傳統的代表人物。尼采啟發後現代主義的視野，最主要的思想泉源是他的「權力意志」（will to power）。

尼采認為，並沒有所謂的客觀真理存在，因為不同的個體有不同的視角（perspective），不同的視角產生不同的詮釋（interpretation），然而這些不同詮釋的來源並非通過那種理性的科學方法和思維所獲得，也不是馬克思主義所指出的歷史和階級意識，其根本的驅力來自於個體想占有權力網絡中最有利位置的「意志」。在這種「權力意志」的架構內，一切知識、本質、自然法、事實都是動態的，因為它們都隨權力狀態的移轉而變化（Grimm, 1977: 179）。每個個體處於不同的位置而產生不同的視野和對特定事實的詮釋，尼采這種位

置的概念並非馬克思主義所指的階級位置，而是一個權力體系的配置（constellation），人們會想在權力中心的外圍取得最有利的位置，他們對自身權力位置的評估也不只是一種理性計算，對尼采而言更是生物性的衝動，亦即獲取權力是一種生物本能。但這種權力「意志」所指涉為何尚眾說紛紜，它可能在心理學意義上是各種感覺（sensations）、思考和命令慾望（commanding）的混合體（Havas, 1995: 141），或只是內在的自然屬性而非慾望（Grimm, 1977: 189）。不論如何，尼采將這種權力意志置於一切知識活動的中心，顯現出超歷史的機械論傾向，即一切的認識活動都處於權力遊戲的漩渦中，知識的內涵隨權力的轉移而變化。

當結構主義在法國風起雲湧之時，存在主義、尼采哲學逐漸失去人們的關注。然而尼采在當代法國哲學界的復活，主要就是得益於尼采在傅柯和德勒茲思想中的作用（Sheridan, 1997: 158; Best & Kellner, 2001: 104）。另一方面，由於共產黨的教條主義和法國1968年的五月事件，許多法國知識份子開始認為馬克思主義過於僵化，而尋求新的思想，尼采理論中的差異邏輯提供出新的啟發（Best & Kellner, 2001: 103）。尼采以權力關係為基底的反本質主義，促使傅柯和德勒茲以不同的方式，拓深這種尼采式的知識觀。尼采

和馬克思主義不同，馬克思主義將權力視爲上層建築植入意識形態的工具，是一種壓抑性和破壞性的力量，並將權力關係置於政治理論的範疇內；而根據傅柯和德勒茲對尼采的闡釋，尼采將權力關係視爲知識的生產性力量，知識本身就是經由權力的鬥爭活動產出，這種權力活動不僅圍於政治範圍，而是貫徹文明整體的生命機制。在傅柯前期的《知識考古學》、《瘋狂史》和《詞與物》等著作中，皆被尼采的知識──權力觀影響，他藉由分析監獄、醫院、學校等「微觀政治」的機構，證明權力的運作如何塑造出理性的主體和知識，在尼采那裡抽象的權力網絡，被傅柯具體化爲社會中無所不在的制度和各種物質化力量。

傅柯繼承尼采的部分是「系譜學」，德勒茲的研究焦點之一是放在資本主義社會下的認識主體。尼采對傳統知識論的批判對德勒茲的影響主要有兩部分：第一，對實在論的批判：實在論的認識論宣稱主體可以在思維中精確的反映或再現世界，客觀世界可以直接以鏡像形式反映到被動主體的心靈當中，德勒茲以「塊莖」概念批判此立場；第二，對生命哲學的推崇：德勒茲依循尼采式的生命哲學，將身體、慾望和意志置於意識存在和再現圖式之上（ibid.: 107）。在德勒茲與加塔利（Guattari, Félix）合著的《千重台》（*A Thousand*

Plateaus）中，他們以「塊莖」（rhizome）概念描繪出後現代的知識圖像。他們認為，西方傳統的知識觀存在一種「樹」的隱喻，即認為心靈按照系統原則和層級原則（知識的分支）來組織知識，而這些知識都扎根於堅實的基礎之上，這株知識之樹的樹葉則被冠以形式、本質、規律、真理、正義、我思（cogito）等名目。與樹狀思維不同，「塊莖」思維試圖打破知識之樹的根，反對二元邏輯，伸展樹根和枝葉，使知識多元化、產生差異，並創造新的連結。在知識的塊莖分析中，主體不是被動的鏡像接收者，主體的活動途徑有三種路線：第一種是「僵硬的分割線」（rigid segmentary line，「線」是指構成或解構社會、群體或個體的空間要素、物質要素與心理要素），主體接受各種社會制度建立起來的二元對立式認同，如老闆與工人、男人與女人、黑人與白人等；第二種是柔韌的分割線，主體對自己被指定的認同發生懷疑，而擾亂了認同「分割線」的僵硬性，如同某人的精神開始崩潰的狀態；第三種是「逃逸線」，主體成功擺脫僵硬的認同分割線，但有的主體在走向多樣化的過程中被瓦解，有的則獲得新生，這種逃逸線是創造性的，而非抵抗性的。德勒茲認為主體的慾望能量是比權力更為根本的動力，不斷流動的慾望可以創造更多差異和生活的多樣性，而「游牧式思維」

（nomadic thought）的塊莖學可以抵抗「國家式思維」（state thought）對慾望的壓抑。德勒茲將尼采的生命哲學激進化，將慾望的位置置於權力之上，對德勒茲而言，知識的增長不是在一顆大樹上綿延不絕的樹枝，也不是尼采的權力遊戲，而是在慾望之流中運動的身分認同，只有存在這種精神分裂的主體，知識才有可能獲得價值，因為知識的目的不是追求本質的確定性，而是擴散差異、肯定生命的多元性（Best & Douglas, 1991: 103-10; 126-35; Deleuze & Guattari, 1987）。

　　尼采和馬克思對知識問題的分析方式有截然不同的風格，主要原因是在歷史本體論上有許多根本不同的立足點：第一，馬克思將社會切割為不同的階級，社會是上層階級對下層階級的宰制空間，而上下階級的變易則賴歷史階段的不同而改變；尼采則視社會為一個超歷史的權力棋盤，社會內部的流動是依賴權力的佈局變化。第二，馬克思視主體為自在（by-itself）且自為（for-itself）的能動主體，主體依其所座落的歷史境遇而能理解自身的利益所在，因此主體的行動驅力是利益；尼采認為驅使主體行動的最主要元素，是生物性的權力意志，它所具有的生理慾望特質更勝於理性計算能力。雖然這兩位思想家在本體論上的出發點截然不同，但歷經結構主義、現象學、詮釋學乃至整個後現代主義思潮的反

省，他們不同的知識立場之中所具有的共通點和類似的問題意識反而被突顯出來：第一，不論驅動主體認識外界的要素是利益還是慾望，「知識是經由確定的方法論或認識論而獲得」的觀點都被予以瓦解，他們最後的共同結論就是「知識是持續鬥爭的產物」，即使獲得短暫的客觀性，也終究會被淹沒在人類的鬥爭活動中；第二，抵抗知識和生產知識同等重要，因為主體不是被動的接收外界反映的鏡像，不是處於中心位置的、確定性的主體認識外在流變的客體，而是主體和客體都處於流變的狀態。也就是說，一種知識或對一個事件的詮釋，都會反過來確定主客體的關係，也會指定主體的身分和位置（不論是尼采意義的權力位置或馬克思意義的社會位置），而這種潛藏在知識背後的權力作用會威脅到主體身分認同的自由，即知識可以形塑或改造主體。因此，重要的不僅是知識的生產，還有對某種知識或特定詮釋的抵抗。

（三）小結

從以上實證主義到後現代主義的反思，可以看出這些理論家們對「如何獲得客觀知識」這一問題上有不同的立場和切入點，最重要的是分析視角的不同。邏輯實證主義努力想克服的問題是，如何將不同觀察者的感覺化約為確定的觀察

語句，卡納普的物理主義爲他們找出一條解決問題的道路。
雖然邏輯實證主義發展出邏輯上堪稱完備的認識論，但他們
背後的前提卻受到孔恩嚴峻的挑戰，即邏輯實證論者相信科
學語言的確定性，孔恩卻從科學史指出科學社群在不同歷史
分期使用不同的語言和概念，這意味著世界觀的根本不同，
因此客觀眞理沒有邏輯實證主義者想的容易得到，典範的斷
裂性使眞理難以超越歷史而存在。孔恩和費耶本從歷史主義
角度，質疑實證主義的科學劃界（demarcation）問題、是否
存在超越歷史的客觀性問題等，雖然動搖了實證主義的基
礎，但他們探究的範疇仍集中在「科學社群」上。在現象
學、詮釋學、批判理論等的發展過程方面，對知識問題的關
注由語言邏輯、科學社群轉移到「主體」上，這個主體不僅
包括科學社群，更廣匹整個集體社會。他們反省到知識的目
的是爲了人的「存有」和人與世界的關係，因此應該探究的
不是外在客體，而是主體在世界上探究知識的各種潛力。這
種潛力不侷限於科學方法，還包括人的交往行動、對外界壓
迫的抵抗、籌劃未來的動機等，故就詮釋學、現象學與法蘭
克福學派的立場來看，知識的「客觀性」不是限於科學社群
的共識或普遍法則的獲致，更代表具有不同文化歷史背景的
人們，可以經由溝通行動中的說服和分享過程，創造新的共

同生活方式。

實證主義獲得客觀知識的方式是將主、客體分離，將主體超脫於各種主客體關係之外；現象學、詮釋學和批判理論則是將主客體融合，放在「生活世界」的脈絡下認識外界事物；後現代主義則不相信實證主義意義下的客觀性，而現象學、詮釋學等理論一方面給予後現代主義理論質疑客觀知識的基礎，另一方面後現代主義對他們的「現代性」思想也不予以寬容對待，即雖不同意實證主義將主客體截然分離的方式，但同時也將現象學、詮釋學派等欲維護的主體本身予以解構。就後現代主義看來，胡賽爾、伽達瑪、哈伯瑪斯等人仍有濃厚的本質主義和邏輯中心主義的傾向，也就是說他們仍未完全脫離西方形上學的傳統。

在後現代語境中，對知識的批判建立在幾種概念和範疇的解構上：第一是主體的解構，主體從被認為是具有理解外部世界能力的、固定身分認同的主體，到被後現代主義視為被慾望、無意識、權力機制分裂和重塑的主體；第二是語言的解構，語言本被視為具備確定性邏輯的溝通工具，可以統合不同文化背景和感覺思想的表達；後現代主義則認為語言是生活性的、差異性的、建構性的和不確定性的，並且刻意

將語言內部的差異擴大，排除西方的二元對立邏輯和在場的真理，以確保人類生活的多元性和可能性；第三是對人類生活範疇的解構，古典劃分政治、社會、經濟、文化等領域的疆界，被分裂成不規則的「事件」片斷或「場域」，以往對政治領域的理解依賴政治學，對社會的理解依賴社會學……，這些根據「學科」（discipline）劃分的理解方式，在後現代社會是被根本性的挑戰，因為這些學科不是經由人類理性建築的知識之樹，而是由非理性、慾望、權力等力量所形成的「塊莖」，因此我們理解世界的途徑不是某種科學的認識論或方法論，而是依賴各種行動策略和對不同詮釋進行鬥爭，在主體與客體雙向互動的過程中理解世界（在伽達瑪詮釋學的意義下，理解即對未來的籌劃）、抵抗世界和建構世界。這三個方向的解構不僅僅是因為後現代主義者要批判實證主義的知識觀和啟蒙傳統的理性主義，重要的是在各種物質體制轉變——尤其是資本主義的深度和廣度急速增長的境況下，知識生產的過程和基礎也隨之改變[60]，人們的世界觀也必須隨之調整以應付這些重大變遷。因此，在這些精神與物質衝擊之下，對科學知識的反思不僅在批判過去的思想，更重要的是要以新的思維面對未來的實際問題。例如之所以將科學知識中認識主體的問題，從科學社群擴及到社會整

體，不僅是因為實證主義思維對科學社群的宰制而威脅人類的精神生活，從而希望社會能運用溝通和說服的力量化解這些偏差，也是因為社會中各種複雜的力量，對知識的影響力不下於科學社群這個菁英團體[61]，這些社會力量就是伴隨著資本主義發展、政治權利的分殊化等制度結構的改變而出現的，因此我們必須在知識生產問題中，將認識主體擴及社會整體的活動，才能理解知識的客觀性如何被形塑。

在下一章中，本文擬以傅柯和布爾迪厄對知識問題的觀點作分析和對話，他們兩人帶著「後現代」的問題意識，並熔煉現象學、詮釋學、結構主義等的精神和方法，分析知識中的認識論與權力問題。傅柯的方式傾向於尼采傳統，而布爾迪厄帶有馬克思主義的色彩，他們對現象學與詮釋學有各自不同的採擇和吸收，並各自在其基礎發展出創新的理解。就後現代的意義而言，這種知識客觀性的意涵不是要尋求普遍法則和真理，而是有更廣泛的意義，即知識的精神應在於使人們能保持差異的多元性又能和諧相處，而並非以普遍真理同化他者，因為知識的價值不僅在於其結果：找到世界背後唯一的運作法則，並使世界適應人類的發展。更重要的是知識發展的過程：使不同利益和慾望的人們能相互適應，而非以同化他人的方式使他人適應自己的世界觀。

註釋

1 有的學者認爲維也納學派皆可稱爲邏輯經驗主義和邏輯實證主義，但也有的學者把兩者區分開來，他們認爲在石里克傳統下的是邏輯實證主義，但在巴柏提出對邏輯實證主義的嚴峻挑戰後，許多維也納學派成員紛紛轉向，有的成員如韓培爾繼續堅守旗幟，但改稱爲邏輯經驗主義。參見黃光國，2002，p. 249。舒煒光則另有一說，他認爲邏輯實證主義原是稱呼維也納學派的，即指維也納學派時代或實證主義第三代，邏輯經驗主義是用於維也納學派成員從維也納離散之後的。邏輯實證主義也凸顯了與實證主義傳統的聯繫，即孔德和馬赫，而邏輯經驗主義則是凸顯與經驗主義傳統的聯繫，即英國傳統的休謨。後來維也納學派成員比較疏遠實證主義。這兩個名稱雖有微妙區別，但本質上還是一致的。參見舒煒光，p. 33-4。

2 1905 年俄國革命後的社會民主黨，其中一批知識份子欲以馬赫的認識論基礎修正馬克斯主義，這種理論吸引了許多布爾什維克的成員，列寧覺得這是對布爾什維克有危險的理論，故在 1909 年出版了《唯物主義與經驗批判主義》，批判馬赫的思想，他認爲馬赫只是把經驗的世界化約爲主體的心理內容，或是把他當作意識的必要相關事項去處理，這種立場含有一切實在界是主觀創造的意味，不免掉入唯我論的陷阱中，並認爲這種觀念只是在保護宗教而已，不過馬赫對列寧的著作只認爲是黨派之爭的產物而已，並沒有發表什麼意

見。參見Kolakowski, p. 138-42；洪謙，1990，p. 206。

3 卡納普認為，維也納學派的思想受維根斯坦觀念的影響，主要原因是維也納學派以維根斯坦的「邏輯哲學論」為普遍讀物，其次是由於魏斯曼根據與維根斯坦交談所得的某些概念，做系統性詮釋。不過維也納學派的成員和維根斯坦交往幾年後，裂痕越見分明，甚至維根斯坦從1929年開始只願見石里克和魏斯曼，其中有許多原因，包括維根斯坦不像維也納學派成員那樣喜愛數學和科學，反而具有濃厚的藝術氣息，他也不喜歡石里克和卡納普極為反對形上學，他認為宗教和形上學有它們獨特的作用。參見Kraft, p. 4; Carnep,《卡納普與邏輯經驗論》, p. 34-5。

4 實用主義（pragmatism）被認為是美國人最具原創性的哲學，「實用主義」是由皮亞士（Charles Sanders Peirce）所創造的名詞，用以區別建構出的問題與虛設的問題、有價值的答案與無謂的答案等。典型的實用主義反對封閉的形上學體系，並主張知識是日常生活中可變通的工具。關於實證主義與實用主義的相同與相異處，及兩者之間的連結，參見Kolakowski, p. 167-88。

5 巴柏是屬於邏輯實證主義還是後實證主義的範疇，學界並無共識存在，基本上正規的邏輯實證主義有三種分類方式，一種是以石里克的思想為主，第二種是以石里克的學生卡納普的思想為主，第三種便是被巴柏修正後的邏輯實證主義為主。經過巴柏修正的邏輯實證

第二章　後現代主義對客觀知識的批判

119

主義，最主要的特色是演繹邏輯優位於歸納邏輯，亦即一個命題無論經過多少次確證，只要有一次的例子證明為假，命題便被推翻，因此一個理論無法經由歸納法證明為真，但可以經由一次的驗證證明為假，故一個命題最主要的基礎是演繹，而非歸納。本書將巴柏放在後實證主義的範疇，邏輯實證主義主要指涉維也納學派的立場。

6 大部分學者都同意邏輯實證論是完全排斥形上學的，但洪謙認為，石里克只是把形上學從知識領域排除出去，但形上學對人生的意義極為重要，在人生哲學上石里克非常肯定形上學的意義。不過如卡納普則明白的厭惡形上學，可以說整個維也納學派都站在把形上學從知識領域驅逐出去的立場，只是知識領域以外的部分，他們對形上學的看法有所不同而已。

7 經驗主義的信條包括：第一，人類心靈的初始狀態如白紙一般空白，我們藉由與世界互動的感官經驗獲得知識。第二，任何真實的知識斷言（knowledge-claims）是可以被經驗（觀察或實驗）檢驗的。第三，對於無法觀察的實體是被排除在知識斷言之外的。第四，科學法則是普遍性的陳述，也會不斷的在經驗中重複發生。第五，科學地解釋一個現象，就是展示科學法則中的範例。第六，在邏輯上，預測（prediction）和解釋（explanation）是一樣的，如果解釋了某個現象是某個科學法則中的例子，那麼我們就可以預測出相

同的現象模式。第七，科學的客觀性立基於事實陳述和價值判斷的清楚分離。參見 Benton, Ted and Craib, Ian, p. 14。維也納學派雖繼承經驗論傳統，但他們仍和古典經驗論有很大的不同：第一，維也納學派用或然性的經驗基礎代替確實無誤的經驗基礎；第二，維也納學派用具有一定概率的假說代替證明的知識；第三，邏輯經驗主義在分析科學概念與命題時，引進了「意義」的分析，它用是否「有意義」作爲區別科學與非科學的標準。參見江天驥，p. 27。

8 洪謙對卡納普形上學的質疑，提出了說明，洪謙認爲當石里克在說到完全與實在一致的命題時，他的意思是在知覺和其他經驗之間的確定聯繫，就是談論中的命題所說的那種聯繫，石里克在這個意義上使用「與實在一致」這句話，所以他的立場並非是形上學的。見洪謙，1996 年，pp. 238-43.241；江天驥，p. 2-31。

9 這裡指的以物理爲對象，也並非完全指涉物理實體。卡納普認爲，如果知識基礎是石里克所認爲的由個人經驗所構成，那麼我們對於牛頓的地心引力定律就無法證明了，因爲我們在經驗上無法感知到地心引力的定律，只能以各種操作方法得知地心引力的存在。所以抽象的物理概念也是一個概念基礎。

10 所謂操作性定義，是指可以通過具體的手續和過程得出概念的定義，例如要瞭解電子這個概念，可以使電子和其他微觀粒子發生作用，在作用的過程可以在螢光屏上表現出運動的軌跡，通過這個軌

跡即可描述電子。物理主義區分觀察語言和理論語言，所依靠的關鍵就是操作性定義，如此方能使理論概念還原爲觀察概念。參見舒光，p. 132-3。

11 卡納普認爲物理語言不僅可以使一門科學更爲客觀，甚至可以達到更遠的目標，即統一科學。卡納普提到，各門科學使用的語言不同會使他們相互疏離，如果各科學的語言都能以物理語言進行溝通，使得各科學都能瞭解其他科學的知識而能相互交流，則可以將各科學統一起來。不過這項主張在實踐上遭遇很大的困難，因爲並非所有科學的語言都可以轉化或還原爲物理語言，例如生物學並不能完全承認生命現象可以歸結爲物理現象，後來卡納普瞭解這些困難，而從強的物理主義轉爲弱的物理主義。參見舒光，p. 121-8；洪謙，1990 年，p. 73。

12 卡納普和石里克都相信語言的邏輯功能，但在語言分析的方向到後來卡納普和石里克仍是有所差別的，卡納普因爲物理主義的轉向而研究物理語言，因此專注於演繹推演系統的語意學（semantics）。參見Carnep, 1971, p. 83-94。

13 洪謙，1996 年，p. 196。維根斯坦在〈邏輯哲學論〉中所主張的語言與世界的關係，對維也納學派影響重大，他的〈邏輯哲學論〉是使維也納學派如此重視語言，以語言爲根基分析命題和知識的重要原因，他說到「命題的總體即是語言」（T4.001），「我的語言的界

線意謂我的世界的界限」（T5.6），「邏輯充滿世界：世界的界限也

就是邏輯的界限」（T5.61），「對於不可說的東西，我們必須保持

沈默」（T7）。參見Wittgenstein, Ludwig , 1922。

14 在維也納學派的共識下也有一個例外，就是克拉夫特（Kraft,

Victor）。克拉夫特反對卡納普等人認為價值不具認知意義的立場，

他認為價值判斷可以具有客觀的有效性，我們應價值區分為values

和the bearers of value，values 必須有物質內容（material content）

的基礎才能斷定價值，the bearers of value 也可以通過精確地定義框

架出來，例如我們可以給予「善」（goods）明確的定義，經過邏輯

推演和比較就可以對許多事件下價值判斷。不過克拉夫特的許多立

場都和維也納學派有所對立，所以被很多維也納成員歸為極端份

子。克拉夫特對價值問題的立場和維也納學派有一段差距，所以在

此不放在文中討論。參見Kraft, 1973, p. xi, 11-14, 186.

15 石里克有一句名言：「一個命題的意義就是它的證實方法」，一個

命題若是無法證實則它就沒有意義，經驗論者相信一個命題有無意

義，在於它是否能夠檢證，而能否檢證，又要視命題是否具有感官

經驗的認知（cognitive）基礎，一個命題或概念，必須在感官經驗

的影響和可用語言記錄的條件下，才算具有可認知性，如果命題是

認知性的，它才有意義和真假可言。參見Carnep, 1970, p. 280-1.

16 卡納普指出有三點原則是維也納學派對政治問題的共同立場：第

一，他們認為在人本身之外沒有超自然的護使或敵人，只有人可以改善自己的人生；第二，他們確信人類能一方面使自己免於苦難，二方面也能根本地改善個人、社會各層面的境況，以求至善，此為「個體奮鬥」原則；第三，科學方法是獲得知識的最佳方法，對改善人生的目標而言，科學必須當作最有價值工具之一種，此為「科學取向」原則。綜合三種信念的最佳稱謂，是「科學人文論」（Scientific humanism）。參見Carnep, 1970, p. 114。

17 參見Quine, Willard Van,〈經驗主義的兩個教條〉，載於Benacerraf和Putuam編《數學哲學》，1964年。

18 孔恩、拉卡托斯、費耶本等人雖在比較「正統」的科學哲學領域中辯論，但許多源自社會政治歷史領域的概念逐漸被引入，成為所謂「新科學哲學」中的關鍵概念。參見傅大為，1992，p. 164。

19 例如孔恩提出的「常態科學」概念，便遭到巴柏、拉卡托斯和費耶本一致的反對，參見Lakatos, Imre & Musgrave, Alan （1969）. *Criticism and the Growth of Knowledge*。

20 這裡所指的分歧，是對知識產生基礎的立場分歧，如果以分析基礎的角度來看，拉卡托斯也可以算是某種程度的歷史主義者，因為他強調必須合理重建科學史的合理性，以作為「科學研究綱領」的指導，也就是科學方法論的建構應是以歷史為基礎的。所以雖然拉卡托斯站在理性主義這一邊，未必表示他對科學哲學的研究不具歷史

意識。參見Lakatos, Imre, 1978, p. 161-2。

21 費耶本提出的「不可共量性」和孔恩有些微差異，而且也較孔恩的「科學革命的結構」先提出，費耶本提的「不可共量性」是指同一領域中的兩個理論在某些條件下是演繹的、不相交的（deductively disjoint），即競爭理論間是無法相互演繹的，雖然不同理論之間不具演繹關係，費耶本還是嘗試找出其他比較方法，而孔恩的「不可共量性」是指不同典範的不可比較性，不同「典範」包括邏輯關係的概念、看待事物的不同方式和不同的研究方法。Feyerabend, 1978, p. 85-8。

22 孔恩在「科學革命的結構」所使用的「典範」一詞，被許多學者批評太過模糊，Margaret Masterman舉出孔恩的「典範」一詞至少有二十一種意思。孔恩後來澄清，「典範」無論在實際上還是邏輯上，都很接近於「科學社群」這個詞彙，一種典範是一個科學社群所共有的東西。參見Lakatos, Imre & Musgrave, Alan, 1969, p. 83-126。

23 格式塔轉換是孔恩從心理學借用的概念，心理學中的格式塔實驗是顯示知覺轉變的性質，但孔恩指涉的是知覺背後認知方式的轉變。Kuhn, 1962, p. 166。

24 孔恩在「科學革命的結構」和「必要的張力」中，對不可共量性的強度有不同的立場，在前者的階段中，孔恩認爲不同典範間是無法

相互溝通的，但在後者的階段，孔恩認爲不同典範仍具有一定程度的可溝通性。雖然有這種轉變，但孔恩學派仍強調不同典範之間的斷裂性。

25 拉卡托斯透過敘述牛頓、普勞特、波爾等科學家的研究過程，以及各種競爭理論下的實驗結果，證明理論的退化和進化判準，這也是修改巴柏「天真的否證主義」(naïve falsification)，成爲「深思熟慮的否證主義」(sophisticated falsification) 觀點，這些判準包括：第一，新理論能比舊理論解釋更多的經驗現象，或能解釋孔恩所説的舊理論的異例；第二，新理論也能解釋舊理論原本就能解釋的經驗現象；第三，新理論中所主張的「超越原有理論的經驗內容」，需要經過一系列的否證檢驗和實驗過程而不被推翻。參見Lakatos, 1978, p. 49-140。

26 特設性假説是一個理論系統的輔助假設，一個理論系統對某些個別實驗無法做完整的解釋，加上特設性假説就可以解決這種異例 (anomalies)，它類似拉卡托斯所説的「保護帶」。巴柏反對特設性假説，因爲他認爲僞科學可以無限制的運用特設假設去維護理論，使僞科學難以被否證，算是一種「技術性犯規」。拉卡托斯認爲特設性假説對一個理論可以有正面啓發，也可以有反面啓發。費耶本反對巴柏給予特設性假説的負面評價，他認爲特設性假説具有開拓理論的重要功能，而不是在掩蓋理論的缺陷。關於特設性假説的討

論，參見傅大爲，1992, p. 213-48；Lakatos, 1978, p. 73-82；
Feyerabend, 1978, p. 89-94；Popper, 1980, p. 80-1.

27 許多批評者認爲費耶本提出 "anything goes" 的口號，意味科學研
　究沒有任何準則，費耶本反駁說，他強調的是指導科學研究的標準
　不是來自於抽象的合理性標準，而是來自於研究和實踐的過程。並
　且費耶本也想把拉卡托斯拉近自己的陣營，他認爲拉卡托斯的「科
　學研究綱領」也能包容各種多元的理論，給予正在成長中的理論喘
　息的空間，也算是科學的無政府主義。Feyerabend, 1978, p. 134;
　Lakatos, Imre and Musgrave, Alan, 1969, p. 298-9。

28 孔恩認爲以好惡選擇理論不代表那就是主觀的，他只是指出理性的
　界限。Lakatos, Imre and Musgrave, Alan, 1969, p. 365; Kuhn, 1962, p.
　205。費耶本認爲理性主義者感覺不到主觀性並不能證明出客觀
　性，只是證明了疏忽，他被指責爲相對主義者，是因爲那些批評者
　混淆了政治的相對主義者和哲學的相對主義者，理性主義者害怕政
　治相對主義者帶來混亂，但他自己是哲學相對主義者，費耶本認爲
　他重視的是一個理論和其傳統基礎的關係，而非將理論孤立看待。
　Feyerabend, 1978, p. 105-114。

29 Larry Laudan 等人把孔恩從「典範」改用「學科基質」的過程，作
　爲劃分「早期孔恩」和「晚期孔恩」的標誌。金吾倫，p. 94。參
　見Larry Laudan, Arthur Donovan, Rachel Laudan, Peter Barker, Harold

Brown, Jarrett Leplin, Paul Thagard, Steve Wykstra, *Scientific Change: Philosophical Models and Historical Research*, (Synthese), vol. 69, No. 2, pp. 180-196, 1986.

30 費耶本還指出，理性主義者的客觀性與殖民地官員的客觀性沒什麼不同，理性主義者假定了發現客觀真理的方法，若其他人不知道，則必須接受教育。參見Feyerabend, 1978, p. 95-104, 109, 138。

31 費耶本指出，從十七到十九世紀科學也只是一種意識形態，科學的解放力不是因為它發現了真理或方法，而是它抵銷了其他意識形態的力量。當科學擊敗了其他意識形態後，自己就成了教條，只是那些自由主義知識份子並未發現國家和科學未經檢驗的共生關係（symbiosis of the state），這種共生關係就是國家以科學之名合理的同化異質文化，科學權威藉由國家行為更為鞏固。參見Feyerabend, 1978, p. 98-100, 144-6。

32 巴柏在「開放社會及其敵人」也批判了曼海姆（Karl Mannheim）的知識社會學。曼海姆認為科學的思想，特別是有關社會和政治事務的思想，是在某種社會條件下發展的，思想者所在的「社會居處」決定了他的整個理論系統。曼海姆的知識社會學也受到馬克斯主義很大的影響。參見Mannheim, Karl, 1936 *Ideology and Utopia*; Popper, 1962, p. 955-970.

33 胡賽爾提出歐洲科學危機有一個重要背景，即第一次世界大戰後德國納粹主義的崛起，對歐洲的理性傳統造成深刻的打擊，使得胡賽

爾欲瞭解造就「繁榮」的實證主義出現什麼問題,而開始在哲學上找尋歐洲文明的危機根源。參見張慶熊譯,《歐洲科學危機和超越現象學》譯序。

34 此為David Car所提出的分類法,「日常生活世界」是先於科學存有的世界,也是發展科學世界的基礎,它具有「先有性」(pre-given)、「前科學性」(pre-scientific)與「前理論性」(pre-theoritical),「日常生活世界」是未被主題化前的世界,倫理世界、宗教世界等都是已被客觀化、主題化的世界。「純粹經驗世界」是在「日常生活世界」之前的直覺性世界,這種世界是一切存在的總根基,它是「先驗主體」在一切主動行為未開始前就先行組合成的世界。參見Carr, David. "Husserl's Problematic Conception of the Life-World" APQ7, 1970: p. 331-39; HEA, p. 202-12;蔡美麗,p. 150-60。

35 "Bracketed"是胡賽爾取自古希臘的哲學術語"epoche",來表達「存而不論」的全部內容,"epoche"意指「排除對……的信仰」或「使……失去聯繫」、「停止判斷」等。參見涂成林,p. 54。

36 汪文聖,p. 81。海德格探討「在世存有」的空間性,是先論證存有(Da-sein)和「及手存有」(at hand)的空間性而進行的。海德格認為,一般人認為事物有其客觀空間位置(position)的觀念是有缺陷的,實際上,事物不僅在空間中有其位置,它在本質上也是被安置

的（installed），人對周遭的空間觀念根據自己和周遭事物的關係而出現，人根據自己的存在，使周遭事物各自有其所屬位置，對於距離的測量所得知的客觀空間距離只是一種假象，三度空間的觀念並非被先天給定，而是根據人所關注的事物，才出現三度空間的觀念。然而被人所環視的事物並非個個獨立，被人所環視的單一事物和人之間有所關聯，且所有被人環視的事物之間也有所關聯（association），人和他所環視的事物構成一個整體，在世界中具有整體性（totality），Dasein的空間性由此顯現去距離性（de-distancing）和方向性（directionality），去距離性是因為人對周遭事物的空間感不是根據實際測量的距離，而是根據這些事物的及手（at hand）性質而為人所關注，使實際的距離消失，將事物帶近自身；方向性是因人是對於多個事物，形成一種整體的環視，顯出環視的多元性，才構成Dasein的空間方向性。海德格說「空間並非在主體中，亦非世界在空間中，而是空間『在』世界中」。因為空間觀是人對及手存有的瞭解而產生的，是人給予出空間（giving space），或說製造出場所（making room），以釋放出及手存有的空間性，使空間存在於人自己之外但不存於自己本身之內。Dasein開顯了空間，使得空間在世界中。參見Heidegger, *Being and Time.*

37 海德格的「被拋性」（Geworfenheit）概念，即描述人是孤獨地被拋在世界上，面對死亡的狀態。見Heidegger, 1927, *Being and Time.*

38 功效歷史不是一種歷史方法論,而是一種關於歷史方法的「反思意識」,伽達瑪說:「我們不能從歷史的變革中解脫出來,我們只能與歷史變革保持一定距離……我們永遠都置身於歷史之中……我們始終都必須不斷更新地意識到對我們發生作用的活動,以致於我們由之獲得經驗的一切過往事件都迫使我們完全地擔負起對它們的責任,並在某種意義上說,迫使我們承受它們的真理……」參見高宣揚,1991,p. 144-5。

39 詮釋者要意識到自己的前見,並非是要從自己的前見出發走向「文本」,而是要在理解的過程中,檢驗前見的來源和作用,讓真理在文本中顯現出來,因此前見是構成理解歷史的條件而非障礙。參見Gadamer, 1960, p. 68-9。伽達瑪這部分和胡賽爾看待前見的態度是不一樣的,胡賽爾要擱置前見,從純粹的先驗自我出發認識對象,但對伽達瑪而言,沒有前見的揭露,就無法進行理解活動。

40 「總體性」在霍克海默的思想中據有關鍵地位,即強調必須把個別的事實放到一個總體性之中才能理解,這個總體性包括政治、社會、文化等情境和結構。見Bottomore, p. 36。

41 胡賽爾企圖從先驗的自我意識衝破唯我論,建構出主體際世界,他認為主體的意識不能窮盡外在的生活世界,但生活世界是由主體群所構成,主體去意識他者是以身體感官為中介的,這個純然我有的「自我」要從自身的意識流構成「他我」的存在,必須以「比對法」

（Pairing）、「並現法」（Appresentation）和「移情法」
（Apperception）進行。「比對法」是自我意識對對象進行的被動性
活動，兩種材料被置於同一意識刹那中加以比對，進而發現兩者的
相似狀態；「並現法」是指當自我意識到對象的某個側面時，還能
隱約地意識到側面背後未呈現出來的整體，這種從片面的知覺意識
到整體的能力是爲並現法，對於「他我」的知識，在開始時完全是
由我們對「自我」的知識轉化出來的，故由並現法而逼出的「他
我」，是從「自我」的範圍脫離出來的，這個「他我」體系是另一
個圓融自足的世界或「單子」（Monad）。最重要的部分是「移情
法」，即我們在意識「他我」的時候，由自我的立場躍入他人的意
識流中，以他人的觀點看待事物，「移情法」可以使我們意識到
「他我」也是一個有自己觀點和立場的主體，並能以他者的立場將
自身客體化和對象化，因此胡賽爾認爲唯有通過「移情法」，我們
才能捕捉到「他我」的本質。架構「自我」和「他我」之間主體際
世界的基底結構，是「被意識到的共有自然」，亦即被「自我」和
「他我」共同意識到的自然，而這種意識是先驗性的，故移情法亦
是先驗活動。但胡賽爾要衝破唯我論建構主體際世界的方式，仍被
認爲脫離不了唯我論，因爲主體間性只體現先驗自我之間的意向構
成關係，它不具備時間相度，胡賽爾一直圍繞在先驗主體的範圍
內，現實的人的價值一直被置於括弧中。Bernstein認爲胡賽爾那種

忽略自身的歷史、社會背景，進行純粹的描述是不可能的，這種描述法也使胡賽爾無法直接關懷和批判現實的政治社會生活。參見蔡美麗，p. 117-36；涂成林，p. 80-90；Bernstein, R. J, p. 167-9。

42 海德格以「此在」一詞代替「主體」或「人」，「此在」有別於其它的存在，在於「此在」是唯一能對自身的存在有所理解的「存在」，「此在」的在世過程，同時就是它自身的自我理解過程。高宣揚，1991，p. 97。

43 見陳榮華，《走向語言之途》導讀，p. vii-xi。

44 根據李克爾（Paul Ricoeur）的分析，伽達瑪和哈伯瑪斯的爭論圍繞四個主題，第一，伽達瑪將「成見」作爲理解的基礎，這種成見也是從「傳統」累積而來的，知識是在這種基礎上所形成，哈伯瑪斯則將「旨趣」作爲導引知識走向的根源，並且他也反對伽達瑪將「傳統」視爲構成認識的基礎，因爲那是服從權威的表現。第二，伽達瑪把精神科學視爲在特定歷史脈絡下對文化傳統所做的解釋，哈伯瑪斯則訴諸「批判的社會科學」，從制度異化的批判作爲矯正知識的途徑。第三，伽達瑪將誤解（先入爲主的觀念）視爲理解的內在障礙，哈伯瑪斯將意識形態視爲溝通行動的障礙。第四，伽達瑪基於對話基礎而建立本體論的詮釋學，哈伯瑪斯是要建立無邊界和無限制的理想溝通情境，以引導人們走向眞理。Ricoeur, Paul.《從原文到行動——詮釋學論文集第二集》，p. 351-352。伽達瑪面

對哈伯瑪斯批評他忽略意識形態和權威的宰制作用後,他反駁說,根本不存在一種「在語言背後」的現實,現實發生在語言本身之中,語言不是一面鏡子,而是和我們共存的、和勞動與統治聯繫的、構成我們世界的詮釋和發揮。Gadamer, p. 264-7.

45 伽達瑪和哈伯瑪斯之間雖然有諸多爭論,但通過爭論他們的共同因素也越益明顯,就是他們對「理性」的共同認識。伽達瑪將對「傳統」的態度和理性力量連結在一起,他強調「權威」不是如法蘭克福學派所說的,必然與「盲目順從」聯繫在一起。哈伯瑪斯在他的溝通行動理論中,也很強調理性的力量。參見高宣揚,1991,p 189-90。

46 高宣揚將後現代主義的思想家大致分為三大類:第一類是對後現代主義的產生有理論貢獻,但又不完全歸屬於後現代主義的行列,例如伽達瑪、阿多諾、班傑明(Walter Benjamin)、羅蘭巴特(Roland Barthes)、傅柯、德希達、哈伯瑪斯、德勒茲(Gilles Deleuze)、布爾迪厄、羅逖、孔恩、費耶本等。第二類是組成後現代主義的基本成員,且他們也聲稱自己是「後現代主義者」,如李歐塔、布希亞(Jean Baudrillard)、詹明信(Fredirc Jameson)、貝爾(Daniel Bell)、鮑曼(Zygmunt Bauman)、克里絲多娃(Julia Kristiva)等。第三是和後現代主義只保持「擦邊」的關係,其成員較為複雜且不確定,但對後現代主義有所影響,如拉康(Jacques Lacan)、艾柯

（Umberto Eco）、阿爾托（Antonin Artaud）、桑塔克（Susan Sontag）等人。見高宣揚，1999，p. 9-11。

47 1870年英國畫家查普曼（John Watkins Chapman）首先提出「後現代」油畫的口號，以此表示超越當時的印象派精神，「後現代」一詞的第二次出現是由德國作家潘維茲（Rudolf Pannwitz）在《歐洲文化的危機》中所提出。1930年代西班牙詩人費德利哥德奧尼斯（Federico de Oniz）明確使用「後現代」概念來表示1905到1914年的歐洲文化，他認為後現代主義是1896到1905年的現代主義文化的發展結果，1914年到1932年的文化屬於「超現代主義」（Ultramodernismo），故「後現代」是介於現代主義與超現代主義之間的過渡性文化。見高宣揚，1999，p. 58-9；Featherstone, In Pursuit of the Postmodern: An Introduction. *Power/Knowledge*, p. 203.

48 後現代主義本身就是反歷史主義的，因為他們反對啟蒙運動以來的進步歷史觀，因此對於斷代的方式較為謹慎，或直接反對以斷代方式來劃分現代主義與後現代主義，但仍有理論家指出兩者之間模糊的時間界線，如李歐塔主張以五〇年代末期作為後現代階段的起點，其根據是五〇年代末期歐洲戰後社會的重建基本完成，快速的科技發展使歐洲各國進入後工業社會，這種快速變遷不僅影響社會、政治領域，也衝擊到知識領域，包括知識的性質以及知識的合法性地位。見Lyotard, 1979, p. 34.

49 貝爾和詹明信的態度並不完全站在後現代主義的對立面，歐尼爾
   （John O' Neill）認為貝爾和詹明信對後現代主義有嚮往的情懷，但
   他們對「秩序意志」（will to order，貝爾期望以宗教來縫補被威脅
   的社會扭帶，詹明信則仍希望追尋馬克思主義的烏托邦）的渴求，
   使他們對抗後現代主義。見Featherstone, In Pursuit of the
   Postmodern: An Introduction, *Power/Knowledge*, p. 204.

50 季登斯認為現代性的制度性基礎，包括監督（社會管理和資訊的控
   制）、軍事權（暴力的掌控）、工業主義（對自然環境加以轉化），
   以及資本主義。全球化的制度性基礎則包括四個面向：民族國家體
   系、世界軍事秩序、國際勞動分工，以及世界資本主義經濟。見
   Giddens, 1990, p. 51, 59, 63-71.

51 詹明信指出，要談論後現代主義，就要先同意這種斷裂性的假設，
   即在五十年代末期到六十年代初期之間，西方文化發生某種澈底的
   邅變，這種和現代性的決裂性源自於現代主義文化和運動的消退及
   破產。參見Jameson, Fredric, 1996, p. 277-359.

52 如布希亞強調資訊和科技再生產社會秩序的新型態，這兩者不斷的
   模擬（simulation）活動重構了生活和世界，因此真實與表象的界線
   被予以消除；李歐塔則著重於「電腦化社會」（computerization of
   society）對知識生產和價值的影響。參見Baudrillard, 1983,
   Simulations, New York: Semiotext; Lyotard, 1979 *La Condition*

Postmoderne- Rapport Sur le Savoir.

53 進一步說，所謂「延異」不僅僅是語言符號之差異的意思，而是「產生差異的差異」，後者的差異指涉「文字」（gramme），這種作為文字的延異才可以排除西方傳統形上學的二元對立模式（這種二元對立模式集中表現在索緒爾的「能指/所指」二元對立結構）。文字之所以可以產生差異，是因書寫文字可脫離作者而獨立存在，它可以透過移轉、推遲、迂迴的過程產生出多種意義，因此文字也是不斷進行差異化運動的「蹤跡」。德希達不僅透過文字學（grammatology）解構代表西方二元對立的形上學傳統，另一方面也透過文字和語音的對比，指出形上學欲以話語使真理「在場」的失敗。德希達發揮盧梭在《愛彌兒》中的理念，並指出李維史托、索緒爾抬高語音、貶低文字的謬誤，指出西方傳統利用語言中能指與所指、在場與缺席的遊戲，進行各種知識和價值體系的建構，並將之典範化，而實際上是以能指的在場性質論證缺席的所指和真理。見高宣揚, 1999，pp. 286, 294, 306 ; Derrida, 1976, p. 101-6。

54 語言學符號（linguistic sign）和符號論符號（semiologic sign）有所不同，巴特指出語言學重視語音、語法和語義中分佈與整合的關係，此為語言學的符號，符號論的符號包括社會中具有信號意義的各種物體，如服飾、食物、家具等。巴特指出，神話是一種社會意識形態並在社會中自律地運作，語言是第一等級的符號學系統，神

話則屬於第二等級的符號學系統，在第一等級的符號學系統中的符號，會在神話的第二等級符號學系統中演變為一個「能指」，故神話是運用其他語言去建構自己的意義系統，而成為一個「後設語言」，因此語言的符號意義帶有某種程度的任意性，神話則伴隨著特定動機。見Barthes, R., 1988.

55 《中國婦女》是克里斯多娃參照西方理論的依據，書中分為兩個部分，第一部分從西方宗教、歷史和神話探討女性受壓迫的情境，指出對母性及其軀體的壓抑是一神論和父權律法的首要任務；第二部分她將中國描述為與西方父權制相對立的母權制或受母權制影響的社會。史碧娃克針對克里斯多娃的《中國婦女》評論到，在她的文本中，中國婦女沈默的聆聽法國女性主義者的演說，她們處於被觀察的、不會發聲的位置；克里斯多娃則將第一世界女性主義的「認識論暴力」觀察她們，她只是利用了第三世界婦女的差異性來建構自己的主體位置，因此克里斯多娃也是殖民主義的同謀，她和薩依德《東方主義》中的總體化思維沒有根本區別。見Kristeva, Julia, 1977, *About Chinese Women*; Spivak, Gayatri, 1985 "Can the subaltern speak?", In *other worlds: essays in cultural politics*；羅婷，2002，pp. 22-3；陶東風，2000，pp. 97-102.

56 見K.Marx, Preface to *A contribution to the Critique of Political Economy*, in K.Marx and F.Engels, *Selected Works* in one volume,

Lawrence & Wishart, 1970, p. 181.

57 知識社會學的支系並非曼海姆所獨有，曼海姆的知識社會學在很大
程度上是繼承馬克思主義的思想脈絡，除此之外，知識社會學尚有
以索羅金（Pitirim Sorokin）、派森思（T. Parsons）和墨頓（Robert
King Merton）為代表的經驗主義學派，謝勒（Max Scheler）和舒茲
（Alfred Schutz）為代表的現象學派等。高宣揚，1999，頁409。

58 哈定的知識社會學並非完全沿襲曼海姆的脈絡，兩者的主要共同
點，是皆強調不同的認識主體會因其自身的歷史背景和環境，而會
對同一對象產生不同的認識內涵，曼海姆使用的語言是處於特定歷
史情境下的意識形態，哈定使用的概念是「生活經驗」。但曼海姆
對認識主體的分野主要是在於社會的高低各階層，他認為在不同國
家和文化之間的橫向流動尚不會改變懷疑自己思想的一致性，但若
在社會地位上升或下降的過程中，人們才會對永恆的信念動搖。哈
定著重的認識主體差異性則在於男性與女性歷史經驗的差異，從女
性角度出發的世界觀和認識論皆不同於男性，因此以男性觀點出發
的「普遍性」認識論和知識都不能適用於女性經驗。另一個不同處
在於，曼海姆的知識社會學最終是要鞏固知識的客觀性，他對自然
科學方面的知識客觀性也並未產生質疑；但哈定對傳統的知識客觀
性仍是質疑的，她提出的「強客觀」（strong objectivity）中所持的
歷史相對主義（historical relativism）難以和傳統的知識客觀性並
容，並且她也對自然科學知識中的男性中心主義表達批判態度。見

Mannheim, 1936/2000, pp. 7-9; Harding, 1991, pp. 119-35; 155-60.

59 拉克勞和墨菲重新看待「意識形態」概念的立場深受後現代主義觀點影響，傅柯指出他反對使用「意識形態」一詞的理由，第一，它被設置在「真理」的對立位置，因而假設真理的存在；第二，它假設「主體」的存在；第三，意識形態被假設由上層建築、經濟或物質基礎的決定而處於次要位置。Foucault, 1979, p. 36.

60 這些現象的詮釋在李歐塔的《後現代境況——關於知識的報告》、詹明信的《晚期資本主義的文化邏輯》、貝爾的《後工業社會的來臨》、布希亞的《生產之鏡》等著作中均有清晰的描述。

61 林崇熙在《常態科學的政治經濟學》一文中即指出許多案例，如1976年美國制訂有關基因工程研究的倫理規範，科學家、哲學家、倫理學家、製藥工業、基因工程實驗室附近的居民等都投入制訂過程中，此研究倫理規範主導著美國的基因工程研究的方向及內容。又如台灣在1980年代初期的B型肝炎疫苗爭議，由於此疫苗是首次以人類血漿製成，故安全性有重大爭議，當時科學家、衛生署官員、美國人、醫生、大眾傳播媒體、有疑慮的民眾等均加入論戰，而民眾的態度具關鍵性，因為若民眾拒絕接受疫苗，則疫苗就無用武之地，最後的爭議是由監察院將正反意見做出妥協而平息紛爭，因此疫苗安全性的爭議不是以實驗證明或嚴謹辯論解決，而是被省衛生處、衛生署妥協下而達成協議，在監察院的報告內容中形成「科學知識」。此事件亦可以作為支持歷史主義的案例。見林崇熙，

〈常態科學的政治經濟學〉，《當代》，第132期，頁4。

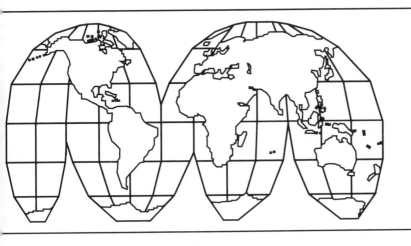

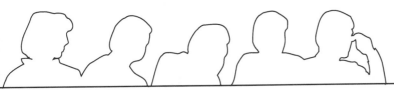

· 第三章 ·

傅柯與布爾迪厄

3

第一節　傅柯

> 對「權力——知識關係」的分析不應建立在一個與
> 權力體系有關或無關的某個認識主體的基礎上，相
> 反的，認識主體、認識對象以及知識模式應該被視
> 為權力——知識這些基本含義及其歷史變化所產生
> 的許多效果。
>
> ——傅柯

　　本節主要概述傅柯的考古學和系譜學，對知識和權力問題的探討。諸多學者將傅柯分為三期：早期的考古學、中期的系譜學和晚期的倫理學轉向，但也有的學者未必認同這種分期（Dreyfus & Rabinow, 1992: 137）。無論如何，筆者認為從考古學到系譜學有斷裂性也有連續性，一方面系譜學有修正考古學的地方，另一方面兩者皆處理了相同問題（如權力），只是著力程度有所不同。傅柯考古學和系譜學時期的著作專門探討知識與權力的問題，晚期的倫理學則探討人如何逾越權力的束縛〔包括性（sextuality）和政治領域〕。本文

將以傅柯的考古學和系譜學爲主，倫理學的部分爲輔。

一、考古學

（一）認識型

考古學（archaeology, 或譯檔案學）是傅柯早期研究知識問題的方法，《醫院的誕生》（*The Birth of the Clinic: An Archaeology of Medical Perception*, 以下簡稱BC）、《詞與物》（*The Order of Things: An Archaeology of the Human Sciences*, 以下簡稱OT）、《瘋癲與文明》（*Madness and Civilization: A History of Insanity in the Age of Reason*, 以下簡稱MC）、《知識考古學》（*The Archaeology of Knowledge*, 或譯知識考掘學、知識檔案學，以下簡稱AK）等是傅柯考古學時期的重要著作，而《知識考古學》可說是傅柯針對之前的著作及其考古學方法所做的總結和修正。

在《詞與物》中，傅柯以認識型[1]（episteme, 或譯知識型）概念將西方的知識[2]發展切割爲不同的時期。在不同的時期中，眞理系統是由特定的論述實踐（discourse practice）所決定，從古典時期、理性主義時期，乃至於現代性的出現，其

論述的範圍、方法和禁忌都被框限在特定的認識型之內。傅柯將西方的認識型標誌出兩個大斷裂：第一個是古典時期，第二個是十八世紀末出現的認識型鉅變。古典時期大致從十六世紀至十八世紀，在此時期語言與世界的關係是類推關係，而非指稱關係；知識是語言與語言的關係，而非事物本性的分析。這種語言與語言的關係不只指涉詞彙之間的關係，也是在類推關係中被命名物的分布網絡，而指稱關係則是孤立的以一詞指涉某一物，和這種類推關係有所不同。由於人們的思想著重在闡明自然領域各事物的相似性，因此相似性和符號彼此纏繞成為古典時期的認識型（OT: 41-55）。古典時期論述的基本任務是把名詞賦予給物，並在這個名詞中命名物的存在，這種對表象（representation）[3]領域布置語言網絡的活動，產生了命名法和分類學的科學（OT: 164）。

　　然而這種認識型到了《唐吉軻德》和笛卡兒的出現便出現鬆動。唐吉軻德將蓄群、女僕和客棧類比於城堡、夫人和軍隊，他將原本之相似性關係轉化為一種嘲諷，使得相似性和符號解除之前的協定，詞不再是物的標誌，而是被獨立出來在書中漫遊成自己的力量。在《唐吉柯德》中，瘋人和詩人各自消解了相似性和符號。對瘋人而言，所有符號都是彼此相似的，因此他抹去了相似性的區別；對詩人而言，他們

則在習以爲常的符號下，重新發現物與物之間被隱藏的關係，因此詩人消解了之前在語言中被賦予相似性的符號（OT: 61-6）。笛卡兒對相似性的批判則是另一種類型，他否定了相似性中的大雜燴，笛卡兒認爲這些大雜燴必須依據同一性、差異性、尺度和秩序得到分析。笛卡兒認爲尺度和秩序的分析，是僅有的兩種比較事物的形式。所謂尺度的分析，即是將不同的量值以共同的單元進行分析，因此，不同的事物可以被歸結爲相等和不等的算術關係；秩序的分析則不需要參照外部單元，笛卡兒認爲我們雖然無法認識事物的本質，但可以透過發現最簡單的事物，進而發現最複雜的事物，秩序的分析就是這種以不同事物的最小差異來安排事物的秩序。

這種在十七世紀出現的知識新形態，傅柯稱之爲「理性主義」，且認爲它的認識型轉變有三：第一，是以分析取代類推；第二，每個相似性都必須通過尺度和秩序的分析得到證明；第三，相似性在以前是無法完整列舉的，理性主義則可以通過連續的證明，確立事物的同一性（the same）與差異性（the other）。由於這些轉變，使得語言從物與物的網絡中退位，進入透明和中立的時期（OT: 69-75）。

　　傅柯指出，到了十八世紀末期，認識型出現斷裂性的遽變，表象被排除在認識型的基礎之外，新的認識型是以作為先驗物（transcendantaux）的勞動、生命和語言當成思考的前提和條件，這些先驗的思考前提是隨政治經濟學、生物學和語言學的出現而成形，而這三個學科的交互作用又構築出「人文科學」的知識領域，「人」則經由這種新認識型被賦予新的地位和概念。

　　傅柯認為，「勞動」的重要性，是從亞當斯密和李嘉圖的財富分析被凸顯的。在亞當斯密之前，貨幣是財富流通的表象，財富分析以貨幣作為主要分析對象，但亞當斯密則以勞動度量物品的價值，任何商品都能表象某個勞動，任何勞動也可以表象某數量的商品。雖然亞當斯密將勞動變成可以和商品相互度量的分析對象，但勞動仍受制於物與物交換的標準，這仍未超越古典財富分析的思想。但對李嘉圖而言，交換的可能性是基於勞動而非貨幣流通，因為他認為勞動的數量能確定物品的價值，不只是因為這個價值可在勞動單元中被表象出來，而是因為作為生產活動的勞動是所有價值的來源（因此勞動優位於貨幣，生產又優位於交換）。從李嘉圖開始，勞動脫離了與表象的關係，它因而存在自己獨特的因果關係。在十九世紀初，一種知識的排序便被構成，在這

個排列中出現了經濟學的歷史性（相關於生產形式），以及人類存在的限定性（la finitude）（相關於匱乏和勞動）（OT: 329-33）。

傅柯認為，「生命」是由居維埃（G. Cuvier）對生物的分類方式所引申出來的精神。在古典時期，生物的器官（organs）是由其結構關係和功能來定義，生物的分類完全在四個變量（形態、數量、排列和大小）的基礎上建立起來，這四個變量經由語言和眼睛的瀏覽，使生命成為簡單的分類結果。居維埃以解剖學為基礎分析出生物的秩序，解剖學使內在的空間湧現，它使我們看見這四個外型變量的內部結構，居維埃將生物的各種功能從四種變量的分析方式瓦解，經由解剖方式將這些功能重新排列，進而發現生物內部各種器官的排列和功能。在古典時期，研究者是將根據四個變量的表象進行生物分類，居維埃則在表象的內部——被解剖開的軀體，將各種不同的生物以類似的器官功能進行分類。因此從居維埃開始，生物學（biology）成為可能出現的知識，對生物進行分類的可能性不是來自於這四種變量，而是在於目光難以觸及的生命深處（OT: 342-52）。

傅柯認為，格里姆、施萊格爾、拉斯克和博普的語文

學，使古典時期的語言觀發生斷裂。在古典時期，語言的功能在於對表象做分析、重複、組合和整理，經由格里姆到博普等人的語文學發展，使語言的功能不再是描述表象，他們認為語言不根植於被感覺到的事物，而是根植於行動主體，如同格里姆指出的「語言是人的語言：語言把其起源和發展都歸因於我們的完全自由；語言是我們的歷史，我們的遺產」。語言失去了古典時期的透明性和分類表象的功能，從十九世紀開始，語言成為一個認識對象，它展開了自己的歷史深度、法則和客觀性（OT: 365-86）。

在古典時期的認識型中，人與自然是相對立的，人只能順服在自然之下去表現出物的秩序，然而從財富分析到政治經濟學的轉變、從古典生物分類到生物學的演化、從描述表象的語言到承載歷史性的語言，「人」的面貌在這三個知識方向的交疊處逐漸清晰，人文科學也在此交疊處模糊的出現。新認識型的三種面向派生出人文科學，其中的關鍵轉折，是經濟學、生物學和語言學使知識具有實證性，而導致三個二元對立的出現：先驗和經驗、我思（cogito）和非思（unthought）、本源（origin）的引退和復歸。也就是說，在古典時代之後，人的思考受制於勞動、語言和生命，並介入了語言本身、糾纏在語言之網中，人就不再是純粹的觀察者，

以往人可以無限地用透明的語言表象自然，現在人因為知識的實證性（如解剖大腦、探討生產成本的機制、比較印歐語系等）而使自己出現有限性，即無法任意的以相似性表象自然，因此三個二元對立隨之出現（OT: 395-414）。簡單的說，這三種二元對立，是指人表現為：1. 一種被經驗性地研究的事實，但這個事實又同時是任何知識之所以可能成立的先驗條件；2. 人被他無法思考清楚的東西（非思）所包圍，但人本質上又是清晰的我思，是所有可知性的來源；3. 人永遠也無法回溯歷史的開端，但弔詭的是，人又是歷史的本源（Dreyfus & Rabinow, 1992: 37）。

如此，人文科學就交雜在勞動、生命和語言的「先驗」思維，並且在隨之衍生的三個二元對立中，逐漸浮現。古典時期的表象被新的認識型重新思考，但「人」不是主動的思考者，人不是主動的由新的認識型思考表象，相反的，是人無意識的以勞動、生命和語言作為思考基礎，而人本身即是從這些思考中被創造為勞動的人、生活的人和說話的人，人的位置是由這三個面向的混合作用而被給定，傅柯說到：

> 人的科學領域被三門「科學」，或確切地說是被三
> 個認識論區域所覆蓋……這三個區域通常是由人文

科學與生物學、經濟學和語言學之間的三重關係所確定的。⋯生物展現給表象的可能性，「心理學區域」就能發現其場所；同樣，勞動、生產和消費的個體給出了一切的表象，「社會學區域」就能發現其場所，這些表像包括關於這個活動得以在其中實施的社會、有關這個活動據以分布其間的群體和個體、有關支撐著或強化著這個活動的那些命令、準則、儀式、節日和信仰所有這些的表象；最後，在這個地區，即語言的種種法則和形式進行著統治⋯⋯在這樣一個區域，誕生了文學和神話研究⋯⋯。（OT: 464）

人文科學在探討表象時（以一種有意識的或無意識的形式），把它們自己的可能性條件當作自己的對象了。因此，人文科學總是從一種先驗的流變中獲得其活力。⋯⋯在整個人文科學的境域中，存在著一種設想，即把人的意識歸併為人的真實條件，⋯⋯在揭開無意識面紗時所重新發現的那個先驗增值是有關人的所有科學的組成部分。⋯⋯

⋯⋯並不是人建構了人文科學並向人文科學提供了一個特殊的領域；而是認識型的一般排列使人文科

學占有一席之地，召喚它們（人文科學）並創立它們——由此使它們把人建構為他們的對象。因此，我們會說，「人文科學」並不存在於任何事關人的地方，而是存在於凡人們在無意識所特有的維度內對規範、規則和指稱整體進行分析的任何地方，……（OT: 475-6）

西方文化，在人的名義下，已經建構了這一種存在，即憑著理性的同一種遊戲，應該成為知識（savoir）的實證領域，而不能成為科學（science）的對象。（OT: 478）

（二）論述形構

傅柯描述了從古典時代到人文科學背後所涵蓋的認識型，除了引出人文科學和「人」的建構性，也暗示了讓人們自豪的科學，仍根深蒂固的停駐在形上學裡，而「人」也只是在這個漂浮的知識裡浮現的幻象，終將如沙灘上的臉被海水沖刷而消逝。傅柯在《詞與物》中以認識型概念說明知識的不連續性，以及不同時代的知識背後有哪些預設的先驗對象，「認識型」在《知識考古學》中又被加以修正和擴張。傅柯在《知識考古學》中整合他過去著作的思考，以聲明、

檔案、論述形構等概念說明認識型的生成，並闡述他的考古學方法，而這部著作後來也被許多學者視爲傅柯考古學時期的句點。

考古學探究的是某一認識型中哪些關鍵要素發生轉變，被關注的關鍵要素就是聲明（statements）、檔案（archive）和論述形構（discursive formation）。

傅柯指出聲明不是一個結構、不是語句（utterance）、不是命題（proposition）、也不是言語行爲（speech act，如祈禱、盟誓、契約、承諾等），而是一種存在的功能（AK: 177-86）。例如，法文打字機上的一列字母順序是A, Z, E, R, T，這一組字母不是聲明，但使用手冊說明打字機字母順序的A, Z, E, R, T是聲明，它沒有命題的邏輯性，但具有說明打字機字母順序的「功能」（AK: 185）。聲明包括三種特質：稀有性（rarity）、外緣性（exteriority）、累積性（accumulation）。這三種特質的意義是：第一，聲明之所以具有稀有性，是因不是所有的論述都會成爲聲明，聲明會排斥其他可能會成爲聲明的論述，它將自己孤立起來以有別於其他論述，因此聲明有自己獨特的價值，並將其他論述排除在外，使聲明具有稀有性（AK: 233-7）；第二，聲明不需要預設一個「我思」，

它不質疑說話主體，也不指涉某種共同的潛意識，對聲明的分析是從在已被說出的話語中，找出聲明的位置，此爲聲明的外緣性（AK: 238-40）；第三，許多論述可能會成爲一堆書寫的符號而被逐漸遺忘，但聲明可以被某些物質技術或法令模式保存，例如書本、法律、圖書館或宗教典籍等（AK: 240-3）。傅柯對「聲明」的諸多描述，是要爲考古學建立一種「實證性」（positivity）：以稀有性的分析取代對「總體」（totalities）模式的追求，以外緣性關係的描述取代超驗基礎（transcendental foundation），以累積性的分析取代對根源（origin）的追尋。 這種實證性定義出一個領域，之中形式的本質、主題的持續、觀念的翻譯，以及論證上的唇槍舌劍都可以被部署安置，因此，這種實證性扮演了「歷史先驗」（historical a prior）的角色（AK: 246）。歷史的（historical）和先驗的（a prior）是兩個相悖的概念，但聲明之所以具有歷史性，是因它是已經被說出來的東西，而不是不曾說出過的先驗格式；聲明有先驗性，是因它可被看作是顯現論述實踐（discursive practice）特色的一組規則，而這些規則並非是被外界強加的（AK: 247）。在密密麻麻的論述實踐中，我們可以將聲明作爲事件（events）或事物（things）建立成系統，傅柯將這些聲明系統稱之爲「檔案」（archive）（AK:

249）。

　　檔案保障那些被說出來的東西能按照某種複雜關係組織起來，並按照特殊規則予以保存或混淆。檔案也決定這些被說出來的東西不會在某一時間內快速消退，它標明出一組能使聲明繼續存在也能不斷修正的實踐規則，因此它是聲明形成及轉變的總體系統（AK: 250-1）。考古學就是在各種檔案中描述論述形構，分析論述的實證性，劃定聲明的表述範疇；考古學不追尋「起始」（beginning）或「根源」（origin），而是要系統性地「描述」論述的形構、門檻[4]（threshold）和界限（AK: 253）。

　　傅柯指出：

論述形構其實就是各種「聲明」的組合。換句話說，這些組合是些文字表現的組合，但其結合的層次不是由文法（句法及語意）在語句的層次來連接，它們也不是由邏輯在命題的層次來連接，它們也不是由心理學於說明的層次來銜接。這些組合是在聲明的層次互相銜接。所謂「聲明」的層次指的是我們得以定義統御其客體的一組概括原則，一個規律的分割它們（語句、邏輯、心理分析）所說事

物的散布形式，一個它們的指涉屬性所形成之系
統。……論述形構就是一統御一組文字表現的總體
性的「聲明」表述系統。（AK: 229-30）

論述形構會決定某一時期論述的對象和秩序，使得此時
期的論述存在一種無意識門檻，讓人們無法任意暢所欲言。
例如在《瘋癲與文明》中，「瘋子」在文藝復興時期，被認
為是失去理智的人，他們被強迫在「愚人船」（Narrenschif）
中漂流海外；到了十七世紀，瘋子和窮人、叛逆者、流浪漢
被歸類在一起拘留在「總醫院」（General Hospital）；十九世
紀的歷史學家和精神病學家指責十七世紀將瘋子視為罪犯的
觀念，此時瘋子和精神病學的觀念被連結在一起。因此，在
不同時期，「瘋子」作為一個論述對象，是在不同的論述領
域之內活動。在文藝復興時期，「瘋子」不會被「治療」，
而是被驅逐，因為關於瘋癲的論述屬於道德領域，而非十九
世紀的精神科學。

綜合論述形構、檔案和聲明這些概念，傅柯指出認識型
的內涵：

認識型可能會被誤疑為是像「世界觀」之類的東
西，這類所謂世界觀的東西……強加於每一分枝上

同樣的準則與假說，……一個籠罩某一時代每個人的思想結構——一個約定俗成、一勞永逸的立法的總合。其實所謂認識型指的是在某一時期，連結那些（衍生認知形象、科學，或可能形式化系統）論述實踐間之關係的總合；或指的是在每一個論述形構中，過渡到認識論化、科學性，及形式化的座落及運轉的方式；指的是這些門檻的分配情形，門檻之間可以重合、從屬，或為時間的移轉而劃分離開的情形；……認識型是一各種關係集合的總體，這些關係在某一時代當我們在話語規律性的階層上分析各種科學時，可在它們之間得見。

因此，對「認識型」的描述表現幾種基本的特色：它開展了一無窮盡的領域，而且永遠不會封閉。它的目標不是重新構築在某一時期中統御一切專業知識的假說的系統，而是去涵蓋一個無垠無盡的領域。……「認識型」是一個不斷變動的聲明與移轉的組合、被建立起來的巧合，但更由此而引生出其他巧合。（AK: 336-7）

最後，傅柯說明考古學所分析的知識（savoir），不是針對學科（discipline）[5] 和科學的知識，但它超越了學科和科學

的範疇。傅柯在《醫院的誕生》中指出，十九世紀初出現的精神病理學科，和十八世紀醫學診療中有關「頭腦的疾病」或「精神的疾病」相較，兩者之間沒有相同的內容和方法。但傅柯發現，使精神病理治療得以在當時出現，以及使當時在觀念、分析、顯示的結構上產生巨變的主因，是一整套由醫療、實習方式、社會上隔離病患與常人的條件，以及程序、法律學的規則、工業勞工及中產階級道德尺度之間所形成的關係所導致的。簡單來說，就是這一系列的論述實踐表現出特定的聲明形構組合（即論述形構），而這一實踐不只表現在學科中，由文學、哲學、政治、日常生活的聲明中也可發現這種實踐，並且超越了精神病學的邊界（AK: 319）。知識可以超越科學，但不限於科學，是因科學不見得要和曾在過去與現在生活過的事物相連結，而是要與那些曾經在過去與現在「被說過的」論述相連結，所以科學無法籠罩論述形構，論述形構卻是構成科學的必要因素（AK: 323）。

　　傅柯後來發展的系譜學對考古學有延續也有批判，許多學者亦提出一些批評意見，指出考古學的內部矛盾。研究傅柯的權威學者Dreyfus和Rabinow對考古學的批評主要有兩點。第一，傅柯既強調他只是「描述」論述形構如何產生，但在描述的過程中他又不得不同時為論述形構賦予因果性的

「解釋」，也就是說，傅柯認爲論述形構具有自主性，它支配了論述的範圍和內容。但關於決定論述形構如何產生的部分，傅柯又指出非論述領域對論述領域的影響[6]，而逼使自己爲論述形構賦予因果性解釋，這使得考古學陷入悖論：它既是描述性的又是解釋性的，論述形構既是自己（組成論述形構的聲明系統）生產的，又被非論述領域形塑（Dreyfus & Rabinow, 1992: 103-10）。第二，作爲一位考古者的傅柯，既把自己放在「超然」的位置，描述論述實踐如何被人們無意識的生產，但又爲自己的理論賦予嚴肅性，而「介入」了這些被傅柯視爲無意識運作的論述實踐。也就是說，傅柯的考古學取消了所有思想的嚴肅性和眞理：人文科學在他的筆下成爲漠然的說話者，無意識的在既有認識型框架下重複類似的論述，但是相對的，考古學卻把自己抬高到具有嚴肅意義的描述者，考古學者因而享有既消除他人嚴肅性意義又能賦予自己嚴肅性意義的特權（Ibid.: 110-6）。

拉克勞和墨菲亦指出論述與非論述領域區分的矛盾，他們認爲論述和非論述範疇是同語反覆，因爲若每個對象都是作爲論述對象而被構成，那麼論述形構也必然包括非論述領域的觀念在內，若如此，這種區分就沒有意義。（Laclau & Mouffe, 1985: 108）

傅柯之後嘗試克服這些矛盾，他由考古學轉向系譜學最主要的改變有二[7]：第一，消除論述領域和非論述領域的區分；第二，系譜學專注在知識、權力和身體的關係，而權力問題在《知識考古學》中只是點到即止，在《知識考古學》中，傅柯暗示知識的探討其實是一種政治問題，為權力問題留下伏筆。

二、系譜學

（一）轉折：「論述的秩序」和「尼采、系譜學、歷史」

　　傅柯的兩篇文章標誌出系譜學的轉向：一篇是傅柯擔任法蘭西學院思想系統史講師的就職演講──「論述的秩序」（the Order of Discourse, 以下簡稱OD），另一篇是「尼采，系譜學，歷史」（Nietzsche, Genealogy, History, 以下簡稱NGH），而後者是探討系譜學方法的關鍵論文[8]。

　　傅柯在「論述的秩序」中，主要是指出一個社會中的論述，如何被控制、選擇、組織和重新分配，他認為有三種排斥（exclusion）系統規範社會的論述：禁律（prohibition）、理性與瘋狂的區隔（discrimination），和真理與謬誤的對立。

禁律在社會中運作，意味人們沒有談論一切的權力，某些話題在某些場合不能被談論，而性和政治是禁律最嚴密的論述領域（OD: 3）。在古典時期，瘋子的話語是區別理性與瘋癲的場所，但到了今天理性與瘋癲的論述界線仍然存在，只是運作的方式、路線和體制不同（OD: 4）。第三種排斥系統——真理和謬誤的對立，亦即「真理意志」的運作（will to truth），則是傅柯最為關注的部分。

傅柯指出，真理意志的運作必須依賴制度的支持，由各層次的實踐強化和更新這種排斥系統，這些制度層面包括教育制度、論述儀規（ritual）、論述社會（the societies of discourse）、教條（doctrine）原則等。儀規界定了論述個體必備的資格，如在對話、詢問或記誦中誰必須占據何種位置並做何種陳述，並界定出必須伴隨論述的姿態、行為、環境和一整套符號。儀規將論述主體的具體特徵和約定的角色都予以確定，宗教、法律、政治等論述都無法擺脫儀規的控制（OD: 15）。論述社會可以保存或製造論述，其目的在於使論述在封閉的空間中流傳，並根據嚴格的規則來分配論述。例如古老的吟遊詩人掌握了詩歌知識，這種具有複雜技巧的知識在特定的社會圈被保存、流動（OD: 15-6）。教條原則和論述社會相反，論述社會中的論述受到固定，並侷限在特定的

社會圈，但教條原則是擴散性的，不同的人們可以擁有同一種論述集合，人們會透過相同的論述內容而成為共同的論述主體。例如各種階級、社會階層、民族擁有自身的教條，以有別於其他群體，在這種特定群體中的教條，使論述主體服從特定論述，論述又服從於論述主體群（OD: 16-7）。教育制度則是綜合儀規、論述社會和教條原則的制度，任何教育制度都是維持或修改論述占有（appropriation）的政治方式，它使論述儀規規格化，並賦予論述主體特定資格和角色，形成具有某種教條的群體，且分配和占有蘊涵知識和權力的論述（OD: 17）。

從這些真理意志運作的方式，可以得知傳統哲學中的種種預設——先驗的我思、作為思辯中心的理性邏各斯（logos）皆將論述視為普遍中介物（universal mediation），只是以「能指」（關於能指的意涵，見第三節第一項，「後現代主義的概念脈絡」）抹去排斥系統鑿刻論述的痕跡（OD: 19）。要抵制這些錯誤的預設，必須將論述視為不連續的實踐，視為人們強加於事物上的暴力，視為偶然發生的事件（OD: 20-1）。這些偶然創造論述的事件，在物質性的運作中彌散和累積，事件是物質彌散作用的結果，同時也在物質彌散之中（OD: 22）。在這裡，傅柯將論述與非論述領域的區分予以打破，

論述同時具有物質性和非物質性，它存在於制度之中，有自己的處所，同時它也被制度所生產。在這種「論述觀」下，傅柯建立兩種分析論述形構的方式，一種是批判性（critical）分析，其探討包圍論述的制度，掌握這些制度中規範和排斥的原則；另一種是系譜（genealogical）分析，探討論述被哪些力量所形塑，亦即哪些力量構成論述對象的領域，論述在其中出現和變化的條件為何（OD: 24-7）。傅柯在《尼采，系譜學，歷史》詳盡闡述系譜學的方法論，可以說傅柯在這篇文章中宣示了他從考古學方法，轉向尼采的系譜學。

不過，考古學和系譜學之間仍存有連續性，系譜學和考古學一樣，拒絕尋找元歷史的意義和目的，亦即反對尋找本源（origins）（NGH: 140）。尼采反對追尋本源的理由有幾個：第一，追尋本源預設外在世界背後存在一種固定的形式，但從系譜學可以發現事物的背後存在各種「全然不同的事物」（something altogether different），而沒有所謂的本質（essence）存在；第二，本源預設的根源代表歷史的莊嚴和崇高，而這種歷史的莊嚴性和上帝緊密連結，並朝向人的墮落（Fall）發展；第三，根源預設真理的存在，而真理又依賴真實的論述（truthful discourse），但系譜學發現不可能存在真實的論述，所有的論述都只是不同的詮釋（NGH: 142-

3）。

「本源」在德文中有兩個相似的詞彙：Entstehung 與 Herkunft。尼采為符合系譜學的目標，將 Entstehung 和 Herkunft 的意義做出區隔。Entstehung 和 Herkunft 都可譯為「本源」（origin），不過，Herkunft 的意義，是指那些被人們習以為常或認為理所當然的概念範疇，例如種族（race）或社會階層（social type），但尼采這種分類是一種空泛的綜合物，因為它抹殺了使這些分類成形的事件，這些本源（Herkunft）不是一種單一的開始（beginning），而是無盡的起始點（beginnings）造成這些本源。身體（body）屬於 Herkunft 的範疇，而系譜學則要指出身體是由無數的起始點和事件所塑造出來的東西，並證明身體被歷史烙印、也被歷史解構（NGH: 147-8）。Entstehung 亦可譯為本源，但在這裡尼采以「浮現」（emergence）取代本源的意涵。尼采認為「浮現」不是歷史必然性的過程，它是指在某一時刻的偶然變化，而這個變化牽涉到兩個主要要素 —— 身體與力量（force），簡單的說，「浮現」是力量進入身體，塑造人性（humanity）的過程。人性不是在歷史中逐漸進步而達到普遍性，而是不斷相互宰制（dominate）過程的產物，被塑造出來的人性又在統治體系內以暴力進行持續的宰制（NGH:

149-51）。

　　各種造成權力關係改變的事件，構成歷史的「浮現」，並將身體和知識割裂成不同的片斷。因此，「事件」不是一個有意識的決定、條約、統治或戰役，而是力量的逆轉，權力的奪取，將曾被別人占有的詞彙奪走，事件是一種可能毒害自身的虛弱宰制，經過偽裝的「他者」的入侵。（NGH:154）

　　在系譜學的立場下，歷史就不存在客觀性，歷史是一種「功效歷史」（Effective history），它是由各種偶然「事件」所構成的，而這些事件的演變又構成未來的多樣起始點（beginnings）。因此，系譜學的歷史觀有三項主張：第一，以反諷（parodic）對抗實在（reality），系譜學拒絕將歷史視為嚴肅的、具有終極意義的歷史，相反的，它要盡情挖掘在歷史同一性背後的差異性；第二，以分裂（dissociative）對抗同一[9]（identity），由系譜學導引的歷史學，不是要發現同一性的根基，而是要承認同一性其實是由消散的東西（dissipation, 指涉各種偶然的事件）拼湊而成的；第三，以犧牲（sacrificial）對抗真理（truth），系譜學認為，知識不是從一個沈思的自由主體用理性思考出來的，也不是以人的經驗為

　　（右側邊欄）第三章　傅柯與布爾迪厄

基礎而逐漸累積,知識是從人的本能暴力 (instinctive violence) 出發,而不斷發展的奴役過程 (enslavement)。每一種真理的宣稱,都不可避免犧牲主體,因為在知識生產的過程中,任何犧牲都是微不足道的。(NGH: 160-4) 在這三點的歷史觀下,傅柯跟隨尼采的立場,建構出一種反記憶 (counter-memory) 的策略,以抹除權力在身體上的烙印 (NGH: 160)。

(二)規訓與懲罰

傅柯的《規訓與懲罰》[10] (Discipline and Punish-The Birth of Prison,以下簡稱DP),是一部系譜學的應用著作,在這部著作中他展示了知識——權力——身體的關係,顯現權力如何在各種場合將特定的知識烙印在身體上,傅柯在這裡想要揭示的是:

> 或許我們應該完全拋棄那種允許我們做如下設想的傳統:只有在權力關係暫不發生作用的地方知識才能存在,只有在它的命令、要求和利益之外知識才能發展。或許我們應該拋棄那種信念,即相信權力製造瘋狂,因此放棄權力就是獲得知識的條件之一。相反的,我們應該承認,權力產生知識(而

且，權力鼓勵知識並不僅僅是因爲知識爲權力服務，權力使用知識也並不只是因爲知識有用）；權力與知識是直接相互指涉的；不應相應地建構一種知識領域就不可能有權力關係，不預設和建構權力關係也就不會有任何知識。因此，對「權力——知識關係」的分析不應建立在一個與權力體系有關或無關的某個認識主體的基礎上，相反的，認識主體、認識對象以及知識模式（modalities of knowledge）應該被視爲權力——知識的這些基本涵義及其歷史變化所產生的許多效果。總之，不是認識主體的活動產生某種有助於權力或反抗權力的知識體系，相反的，權力——知識、貫穿權力——知識和構成權力——知識的發展變化和矛盾鬥爭，決定了知識的形式及其可能的領域。

因此，爲了分析對身體的政治介入和權力的微觀物理學（microphysics of power），在權力問題上人們必須首先拋棄暴力——意識形態對立、所有權（財產）觀念、契約或征服模式，在知識問題上，必須拋棄「有利害關係的」（interested）與「無利害關係的」（disinterested）二者之間的對立，知識的模式

和主體的優先性。⋯⋯（DP: 26-7）

在《規訓與懲罰》中，傅柯描述不同時期的政權，如何
將特定的論述和知識銘刻在犯人和平民的身體裡。在十七世
紀到十八世紀初，君主處決罪犯的方式，是在公開場合表現
死刑的殘忍性和儀式性，例如迫使罪犯遊街示眾，在教堂門
口當眾認罪，並以緩慢的行刑儀式展示權力和武裝的法律
（armed law）（DP: 41-5），其目的不是重建正義，而是以罪犯
的身體使所有人意識到君主的無限存在（DP: 47）。到了十八
世紀後半期，哲學家、法學家、法官、國會議員和民間對公
開處決的抗議日益增多，他們認為公開處決的儀式凸顯出君
主的專橫和暴虐，改革者呼籲要以「人道的」刑罰代替殘忍
的刑罰，因為人性是罪犯最後能保有的東西，並主張懲罰是
為了保衛社會，而非君主報復的工具（DP: 71, 86-7）。然
而，公開處決的殘忍性雖然逐漸被遏止，但由於改革者的鼓
吹，懲罰的權力運作也出現新的策略，即最少原則（the rule
of minimum quantity）、充分想像原則（the rule of sufficient
ideality）、單方面效果原則（the rule of lateral effects）、絕對
確定原則（the rule of perfect certainty）、共同真理原則（the
rule of common truth）和詳盡規定原則（the rule of optimal
specification）[11]。因此，政府對非法活動的鎮壓和懲罰變成

一種有規則的功能，並和社會同步發展，使懲罰權力具有普遍性而更深刻的嵌入社會（DP: 79）。這種懲罰藝術建立在一種關於「觀念」（representation）的技術學上，對罪行的適當懲罰就是植入傷害的觀念，這種觀念能使人們不再被犯罪的利益所誘惑（DP: 103）。這種著重「觀念」的刑罰是一種關於符號、利益和時間的機制，因為懲罰是針對潛在的罪犯，這些「懲罰的觀念」是一種符號，它被政府快速的傳播，使人們以為懲罰符合自己的利益（DP: 107-8）。

　　這種有別於報復目的的新懲罰機制，需要制度的支持和觀念的深植人心，制度可以創造物質性力量以鞏固懲罰機制，而觀念植入的重點在於身體觀的創造，它使人們能夠接受某些形式的管理機制。這一整套的知識和身體規範形態與制度，傅柯稱之為「規訓」（discipline），監獄、學校、軍營等都屬於規訓的場域。規訓的方式主要有四種：分配藝術（the art of distributions）、對活動的控制（the control of activity）、起源的編制（the organization of geneses）和力量的編排（the composition of forces）。

　　第一，分配藝術是指對人的空間分配，規訓需要封閉空間，標示出與眾不同的、自我封閉的場所，每一個人都屬於

特定的空間，讓人們在不同的空間履行不同的職能，例如僧侶居住在修道院密室，因為在禁慾主義下，孤獨對肉體和靈魂而言都是必要的。這種空間分配按照等級（rank）構成不同的單位，例如耶穌會的大學，每個班級有兩、三百名學生，十人一組，一組中有一個「十人長」（decurion），這種劃分是一種作戰和競爭的基本形式，每個學生的位置都根據他作為「十人團」（decury）整體中，一名戰士的價值來安排。（DP: 141-8）

第二，對活動的控制是指以規定生活節奏、安排活動等方式進行規訓。時間表（time-table）的訂定就是一種安排生活節奏的方式，例如在十七世紀的大工廠，工人早晨進廠後，於工作前所有的人都必須洗手，向上帝禱告、劃十字。另外，肉體與姿勢的關連也屬於這方面的規訓內容，例如學校對學生書寫習慣的培養：學生應該總是「保持筆直的身體，稍稍向左自然地側身前傾、肘部放在桌上，教師應安排好學生寫字時的姿勢，使之保持不變，當學生改變姿勢時應用信號或其他方法予以糾正」。通過這種對身體的支配技術，身體逐漸成為一種新的客體對象，它可以接納特定的秩序，身體在成為新的權力機制的目標時，它也奉獻給新的知識形式。（Ibid.: 148-55）

第三，起源的編制是指對時間的序列化（seriation），將人的學習時間切割成不同的片斷，不同的片斷代表不同的進程，整個時間序列是線性的進化，它表現成自然的進程，也促使被規訓的人依循被規劃好的進化路程不斷學習。因此，起源的編制不是以某種界線的超越爲終點，它是無止盡的臣服（subjection）歷程。（Ibid.: 155-60）

第四，力量的編排是一種安置、分布不同身體以達成高效率的機制。例如軍隊根據防禦或進攻等不同功能而對士兵做不同的編排，或如馬克思所說的，「正如一個騎兵連的進攻力量或一個步兵團的防禦力量，與單個騎兵分散展開的進攻力量或單個步兵分散展開的防禦力量的總和，有本質的差別；相同的，單個勞動者發揮的機械力量的總和，與許多人的手一起完成操作所發揮的力量，有本質的差別。」（Ibid.: 160-5）總體而言，這四種規訓方式創造出身體的四種個體性（individuality）：由空間分配方法造成的單元性（cellular），通過對活動的編碼產生的有機性（organic），通過時間的累積產生的創生性（genetic），通過力量的組合而產生的組合性（combinatory）（DP: 165）。

傅柯指出，規訓權力的成功主要歸因於檢查（examination）制度對層級監視（hierarchical observation）和規範化裁決（normalizing judgement）的結合。層級監視是一種複雜的、匿名的權力網絡，這種權力網絡顯現在軍營、學校、監獄、醫院等規訓機構的建築設計，例如軍營對通道的規範、帳棚的分布、士兵的安排都有嚴格規定，一切的活動都被放置於權力中心的監視下。這種權力網絡完全覆蓋它所監控的整體，在層級監視的網絡中，權力並不是一個被占有的物或一種可轉讓的財產，它是作為機制的一部分而起作用。雖然有一個權力核心存在，但整個規訓權力的運作既審慎又不經意（indiscreet）的被實踐，之所以審慎是因為權力總是在沈默中發生作用，之所以不經意的運作是因為權力無所不在（DP: 172-7）。

規範化裁決是透過懲罰和獎勵的制度，產生出規範化力量，以強化整個規訓機制。例如學校根據學生的成績優劣體罰學生或安排座位；軍隊從軍人是否準時行動、言語是否有所冒犯、行為是否失禮、身體是否有不正確的姿勢等，訂出各種懲罰方式（DP: 178-84）。檢查將層級監視和規範化裁決的技術結合起來，它是一種規範化的凝視（gaze），一種能夠導致確定性、分類和懲罰的監視（surveillance）。在檢查中，權力的儀式、試驗的形式、力量的部署、真理的確立都被結

合起來，在規訓程序的核心，從檢查制度可以看見被征服者的客體化。權力關係和認識關係的介入在檢查中大放光彩（DP: 184）。例如，在學校教育的機制中，考試（examination）是一個永恆的知識交換器，它確保教師的知識流向學生，同時教師也從學生那裡取得對其有用的知識。

檢查的極致化，就是傅柯所說的「全景敞視主義」[12]（panopticism），在全景敞視建築中，處於中心瞭望塔的人可以澈底觀看處於環形邊緣的人，但反之後者不能觀看前者。作為一種全景敞視建築的監獄，中心與邊緣的關係就是監督者和被囚者的關係，被囚者持續的被監督者觀察，並被整套規訓制度改善道德、馴服身體（DP: 195-204）。在這種觀察機制下，被權力穿透的身體成為一種認識客體，因此權力所及之處，知識也會在那裡取得進展（DP: 204）。

從以上的概述中可以看出，傅柯除了詳盡分析知識、權力與身體的關係[13]，也由此導出一項重要結論：

> 我們不應再從消極方面來描述權力的影響，如它進行「排斥」、「壓制」、「審查」、「分離」、「掩飾」、「隱瞞」。實際上，權力能夠生產。它產生現實，它生產出對象的領域和真理的儀式。個人及從

其身上獲得的知識都屬於這種生產。（DP: 192）

傅柯在這裡肯定知識──權力關係的正面功能，雖然他將知識與權力放在緊密的關係網絡裡，但像拉卡托斯對孔恩的批評──將科學知識的生產視爲一種暴民心理學，在傅柯身上就難以適用。因爲孔恩和傅柯的立場都很容易給人「知識就是權力」的印象，但孔恩堅持科學生產過程的歷史性和社會性，又無法從明確的基礎上肯定這種科學知識的合理性，而傅柯卻能在指出知識、權力緊密結合的情況下，又指出知識──權力關係的積極面，即它的生產性力量。不過傅柯雖然在這裡肯定權力的生產性力量，這卻和他在《論述的秩序》中的主張並不一致，因爲在後者他認爲權力是一種壓迫性的力量。有許多學者對傅柯的權力觀前後不一致有諸多詬病，這一部分在第四項會再加以討論。

三、抵抗：權力與主體

從以上傅柯考古學和系譜學的分析，可以得知，知識在權力網路的籠罩下，具有兩個重要意義：第一，知識必須依賴權力的運作才能傳播、定型、轉換，權力也必須依靠既存的知識（包括論述、認識型等特定的知識框架）作爲後盾才

得以施展，因此對各種層次的知識研究，包括理論、學科、認識論等，都離不開權力運作的分析；第二，知識的生產過程不只單純的影響人們對各種認識對象的觀念，更重要的是，在這個過程中人同時也被「客體化」和「主體化」，所謂客體化是指，人被處於權力核心的他者視為權力施展的對象、研究的對象和知識的對象，因而成為一種客體，而人被主體化的意涵不是使人成為具有自主性、能動性和理性的個體，而是被權力機制形塑成具有固定特質的、可被計算的個體（individuals），因此，我們對知識的分析也離不開對主體（或個體）的關注。這兩個重要意義結合起來可以集中在一個問題上，就是「我們是什麼？」

傅柯從康德的一篇文章〈何謂啟蒙？〉（Was heisst Aufklärung?）得到啟發，也發表一篇〈何謂啟蒙？〉[14]（What is enlightenment?）傅柯認為康德在這篇文章中所提的問題極具重要意義，即在這個時代，我們發生了什麼事？我們正生活在其中的世界是什麼？這個問題就傅柯而言，就是「我們是什麼？」（主體和權力: 276）。但傅柯不是要找出我們是什麼，其立場反而是要在現代權力結構的枷鎖下，拒絕我們之所是（Ibid.: 277）。傅柯在詳盡指出人類的知識困境之後，就開始處理這種「拒絕我們之所是」的抵抗（resistance）

問題，而傅柯所提的抵抗方法包含倫理和政治範疇。傅柯在倫理範疇對主體問題的探討，主要集中在三卷《性史》中，而政治範疇的問題，以下以〈主體和權力〉與〈知識份子與權力〉兩篇文章作為討論重點。其實主體的倫理範疇和政治範疇在傅柯的思想中並無法截然二分，例如在《性史》中就存在很多政治性的觀點，這裡只是為寫作方便而做的粗糙區分。不過，在本文中比較重要的是政治範疇的主體問題，因此這裡先簡單說明傅柯在倫理問題上所持的主張，以下側重描述傅柯在政治層面上提出的反抗策略為何。

傅柯晚期所著的《性史》，被公認為傅柯倫理學轉向的代表作。在三卷《性史》的第一卷中，傅柯批判了性的「壓抑假說」，即闡明權力與性的關係不是前者壓迫後者，因為現代社會的特性並不在於它們試圖限制或壓制性，而是現代社會通過基督教的精神指導、人口的政治經濟、醫學、精神病學和精神分析話語的理論和實踐，產生了大量關於性的論述。在現代社會中，生命權力「涉及到讓人類生命特有的現象進入知識和權力的秩序之中，進入政治技術的領域之中」。在這裡性顯現出它作為政治問題的重要性。在《性史》的第二卷《快感的享用》中，傅柯指出基督教對主體灌輸的「自我技術」問題，所謂自我技術，即個體藉以承認自身為

性主體的模式和技術。在《快感的享用》中，傅柯指出基督教主張以謹慎和經濟的態度享用性快感，培養「美德、內在力量和自制」的理想性行為模式，以此可讓個體在性節制與智慧和真理的獲取之間，看見其中的關係。在第三卷《自我的呵護》中，傅柯進一步說明在公元前兩世紀的古羅馬「自我文化」，自我文化包含兩方面的現象，一方面醫學越來越關注身體快感帶來的結果，另一方面人們越來越從婚姻的角度看待性問題。傅柯從這些性（或關於性的論述）的歷史中，分析了個體如何在特定的社會權力網絡中，將自身建構成倫理行為的主體，傅柯說到：「這些實踐不是個體自身的發明。它們是在他自身文化中發現的結構，是由他的文化、他的社會和他的社會組合提出、建議並強加於他的」。傅柯探討古代對性快感的道德質疑，不僅是要展示性（或關於性的論述）的歷史獨特性，而且是要通過這種作法使人注意到「通過拒絕個性」促成「新的主體形式」的可能性，這「關係到我們在這個世界上、在我們自身內部和我們的環境中願意接受、拒絕和變化的東西」。[15]

傅柯在政治層面上所提的反抗，其重要參考文獻主要是〈主體和權力〉（Subject and Power, 以下簡稱SP），以及他和德勒茲的對話〈知識份子與權力〉（Intellectuals and Power, 以

下簡稱IP）這兩篇文章[16]。在〈主體與權力〉一文中，傅柯指出他為何研究權力和主體、權力是什麼，以及權力如何運作等關鍵問題，這些問題是回答如何反抗權力箝制知識和個人的基礎。在〈知識份子與權力〉一文中，傅柯與德勒茲認為知識份子的角色已經逐漸式微，在當代應該以「特殊型知識份子」（specific intellectuals），取代過去自認知道真理的「普遍型知識份子」（general intellectuals），也就是以微觀的政治和知識鬥爭取代總體性（totality）的真理主張。

從〈主體與權力〉中可以看出傅柯研究權力的兩個主要動機，第一，權力和主體的問題密切相關，傅柯認為與其說他的研究中心是權力，不如說是主體（SP: 267-8）；第二，傅柯不滿當前對權力問題的研究方式，如政治學和社會學的研究方式，進而想要提出新的探討路徑[17]（姚人多，2000a：128）。

就權力和主體的密切關係而言，傅柯是從權力的對抗性（antagonism）發現權力鬥爭都是圍繞著「我們是誰」這個問題打轉，因而認為權力的運作和人的主體化與客體化脫離不了關係。傅柯提出逆向思考的權力研究，他認為要瞭解正常是什麼，應先調查在不正常（瘋狂）的領域裡發生什麼事，

知識與權力

同樣的，要瞭解權力關係是什麼，我們應該從那些抵抗的形式著手調查[18]，並從中找尋那些試圖去拆解權力關係的人，從事哪些抵抗。據此傅柯主張必須從反抗的位置，亦即通過「策略的對抗性」（antagonism of strategies）去分析權力（SP: 270）。傅柯列舉出當代社會中五種社會的反對形式——女性反抗男性的壓迫、孩子反抗父母的壓迫、精神病患反抗精神病學的壓迫、大眾反抗醫學的壓迫、人民反抗行政管理對其生活方式的威攝（SP: 270）。傅柯認為這種反抗權力的鬥爭有一些共同點，最主要的共同特徵就是它們皆反對「個體化的管治」（government of individualization），亦即反對這種將個體（individual）變成主體（subject）的權力形式（SP: 271），因此我們要拷問的是知識流傳及發揮作用的形式，以及知識和權力的關係，也就是「知識的政體」（régime du savoir）（SP: 272）。

傅柯在《知識考古學》、《規訓與懲罰》等著作中強調的是對微觀政治的關注，也就是對權力的探討應從醫院、監獄、學校等微觀政治場域找出權力／知識運作的蹤跡，但在〈主體與權力〉中傅柯又強調了國家權力的作用。傅柯指出，自十六世紀以來，國家作為一種新的政治權力形式不斷得到發展，國家的權力既是一種整體化（totalizing）也是一

種個體化[19]（individualizing）的權力形式，傅柯稱這種權力技術為「牧師權力」（pastoral power），因為現代西方國家就是將源自基督教機構的古老權力技術納入新型的政治形態中（SP: 273）。牧師權力的最終目的在於使個體確信在來世將會得到救贖（salvation），它照顧每個人的一生，挖掘人們內心的秘密，這種權力包含關於良心的知識和指導生活的能力。國家以不同的形式運用這種牧師權力，救贖成為國家對人民保障的健康、好生活、安全等，在這裡現世的（wordly）目的取代了傳統牧師型的宗教目的。而牧師權力的實施者也由牧師轉移到警察、醫院等機構來實施。國家的牧師權力由於實施者的倍增，因而深切影響整個知識發展，傳統的牧師權力機構分解成如家庭權力、醫學權力、教育權力、雇傭權力等一系列的權力機構，並相應的和有關這一系列的知識相互作用（SP: 275-6; Foucault, 1988: 145-62）。

傅柯認為，由於我們處於國家牧師權力的籠罩下，故我們應擺脫這種現代權力對個體的箝制：

> 也許在今天我們的目標不是去發現我們是什麼，而是去拒絕我們是什麼。我們必須設想並且建立我們將來會是什麼，以便於擺脫這個政治上的「雙重枷

知識與權力

鎖」，即一種同時兼具個體化及整體化的現代權力結構[20]。

結論是：我們時代的政治、倫理和哲學問題不是如何試圖把個體從國家、從國家機構中解放出來，而是如何把我們從國家和與國家連結在一起的那種個體化兩者中解放出來。我們必須通過反抗這種強加於我們頭上已有好幾個世紀的個體性，來推動新的主體性形式的產生。（SP: 277）

傅柯在討論權力如何行使（exercise）的部分，首先說明研究權力的方法。傅柯認爲，我們不可能在權力分析裡同時追問「如何」（How）、「什麼」（What）和「爲什麼」（Why）這三種問題，相反的，要以追問「發生什麼事？」（What happens）的方式來分析權力問題。原因是，我們必須避免將權力看成是某種形上學或本體論的實體，而遺漏極端複雜的現實結構（SP: 277-8）。傅柯指出犯這類錯誤的兩種權力分析方法：第一種是將權力視爲一種「能力」（capacity）的立場，它指的是「作用於事物上的力量，給予人們有修正、使用、消費，或是摧毀事物的能力」，權力在這裡成爲一種可以被掌握的東西，但傅柯認爲權力的作用在於使權力「關係」本身發揮力量，而非擁有權力的人作用於沒有權力的人（SP:

278）：第二種是認爲權力關係透過語言、符號系統的手段來作用在他人身上的立場，雖然溝通是權力作用於他人的一種方法，但傅柯認爲溝通關係無法和權力關係截然分離，在不同的場合它們會以不同的方式混合且相互作用（SP: 278-9）[21]。

　　傅柯強調分析的對象不是權力本身，而是「權力關係」，構成權力關係特質的，就是「使某一些行動（conduct）修正（modify）另外一些行動的方法」（SP: 281），而且「一個行動的模式，不是直接、立即作用於其他人之上，而是作用於其他行動之上：一個行動作用於另一個行動之上，（可以是）既存的行動，（也可以是）目前或未來可能會發生的行動」[22]。傅柯指出，"Conduct"一詞同時兼有引導和行爲之意，它有助於說明權力關係的特性，權力的行使在於引導出行爲者的行爲可能性，以及其所可能產生的後果，它不會像暴力的行使可以把其他的行爲可能性都封死，因此可以說權力關係就是一個「管治」（government）的問題（SP: 282）。「管治」不限於國家的治理，還包括個體或群體的行爲被導引的方式，如兒童的管治、靈魂的管治、社區、家庭和病人的管治（Ibid.）。傅柯指出，這種作爲管治的權力關係，僅行使於自由的主體，如主奴關係屬於強制關係而非權

力關係，因此在權力關係中的主體不是完全的屈從關係，而是「較量」（agonism），它是既相互誘發又相互鬥爭的關係，與其說它是兩敗俱傷的面對面對抗，不如說是永恆的挑釁（SP: 283）。由於「較量」存在於權力關係中，因此也使得鬥爭策略（strategy）被包含在權力關係裡，這種策略既是執行權力和維持權力的一套方法，也是免於被權力攫取的逃脫方法（SP: 287-8）。

　　傅柯在〈主體與權力〉中的權力觀和他在其他著述的觀點不太相同，甚至有矛盾之處，主要有兩點：第一，微觀權力和國家權力的衝突；第二，主體的優先性有所不同。關於第一部分，傅柯在《規訓與懲罰》中強調他所關注的是微觀政治，即醫院、監獄、學校等機構，他也反對那種將權力作用都歸於政府或布爾喬亞階級，由上方統攝一切的立場，但在〈主體與權力〉他卻強調國家的力量。雖然傅柯的權力觀有所矛盾，但傅柯之前將社會體制的功能理解為權力擴張的產物，卻使得權力沒有明確的反抗對象而成為無所不在的形上學原則（Mcnay, 2002: 171），在〈主體與權力〉他卻凸顯出權力反抗的對象──國家。關於第二部分，傅柯談到了自由、策略、行動這些強調主體性的概念，而這種概念幾乎在傅柯所有的著作都不曾出現。在《詞與物》中傅柯強調主體

不可能先於任何思想而存在，它是被人文科學建構出來的；在《個人的政治技術》（*The Political Technologies of Individual*）中，傅柯指出個體被警察、司法這些國家力量形塑成主體（Foucault, 1988），這些立場明顯和〈主體與權力〉中的觀點有所矛盾。Frank 指出，傅柯其實在《知識考古學》的論述分析就盜用了主體，將其作為分析的先驗條件（Frank, 1989: 101）。不過即使傅柯在主體問題上有前後矛盾，在〈主體與權力〉中他還是指出了反抗的方向，即必須逃離權力運作對個體的「主體化」、「拒絕我們之所是」。

〈主體與權力〉和〈知識份子與權力〉的權力觀亦有所出入，後者強調的權力是微觀政治的權力，但這兩篇文章同樣突顯出主體性的問題。在〈知識份子與權力〉中，知識份子為真理和群眾代言的合法性被消解了，取而代之的是不同團體和個人的零星抵抗。在馬克思主義的傳統下，法國的知識份子通常就是左派份子，並且他們也是指引「真理」的人物，帶領人民反抗政府暴力的先鋒，沙特就是一個法國的知識份子典型，不過這樣的知識份子典型在法國1968 年五月事件後就逐漸消退，傅柯和德勒茲便揭示出知識份子地位以及反抗政治的場合有所改變。德勒茲指出，理論化的知識份子不再是一個主體或一個代表性的意識，「再現」（representa-

tion）不再存在，只有行動——理論的行動（action-theoretical action）和實踐行動（practical action），這些行動再轉化為各種小團體（groupuscules）的網路（IP: 206）。傅柯認為，傳統上知識份子的政治介入，即知識的政治化（politicization），是兩方面行動的產物：一方面是知識份子處於布爾喬亞社會、資本主義生產及意識形態體系中的行動，另一方面知識份子自認為揭示了特定真理，但其實不自覺的和某種政治關係關係密切。然而，在五月事件後，民眾發現知識份子和政治權力的特定關係，他們認為知識份子也是權力體系運作的一部分，知識份子無法「再現」大眾的利益，因此他們不再求助知識份子獲得知識和真理。傅柯和德勒茲皆認為，知識份子為「他者」說話反而是對他者的污辱（indignity），不同的小團體應該為他們自己發聲[23]。在這種變化之下，理論和實踐的關係也隨之發生轉變，（德勒茲認為）理論只是一種對抗權力的工具箱，理論不是傳達、翻譯或應用實踐，它本身就是實踐，並且由於真理的存在被人們懷疑，（傅柯認為）理論也不再是總體性的論述或知識，而是區域性的鬥爭系統（the regional system of struggle）（IP: 207-8）。因此，知識份子的功能就不是傳達真理，過去普遍性的知識份子（general intellectuals）不再存在，有的只是在不同場域

反抗特定權力的特殊知識份子（specific intellectuals）。

由以上可知，知識的鬥爭和政治的鬥爭，和理論——實踐關係一樣無法區隔。傅柯指出，論述的鬥爭不是對抗無意識，而是對抗權力後面的隱藏物（secretive）。德勒茲認為馬克思主義以定義統治階級「利益」的方式解釋權力鬥爭，但或許利益只是一種慾望的投入（investment），慾望的投入塑造出權力的分配，而傅柯亦認為，是人們對權力的慾望建立了權力與利益的關係[24]（IP: 215）。由此看來，利益不是權力關係後面的隱藏物，也不是慾望本身構成權力的驅力，而是慾望——利益——權力的相互作用。

四、評論

從傅柯的不同時期、不同著作可以找出許多立場矛盾之處，但不論如何，他的確提出了研究權力和知識的嶄新視野。許多學者和思想家對傅柯提出許多挑戰和批評，這些批評可作為我們檢視傅柯理論缺陷的重要切入點。以下分別列舉出學者們對傅柯的批評。

（一）知識與權力

1.傅柯的權力概念過於寬泛，並且接近於形上學的概念

　　May 認為傅柯的系譜學是認識論的失敗，因為他將所有的知識都化約為權力和意識形態（May, 1993: 77）。因此權力和知識都成為沒有源頭的形上學解釋（May, 1993: 109）。Mcnay 指出，從馬克思主義的觀點看來，傅柯的權力概念太過普遍化，以致於它喪失了分析力量，再者，既然權力無所不在，那麼抵抗就不是權力的對立物，因而也難以指出抵抗的對象何在（Mcnay, 2002: 114）。Polanzas 批評傅柯的權力觀墮入新功能主義，因為權力這個術語缺少內部的差異性，因而他排除了更複雜分析的可能性，無法表達出國家、生產關係、社會勞動分工中權力機構的特殊性，以及權力的空間和時間媒介形式（見Poulantzas, 1980: 66-9）。類似於May 批評傅柯的權力觀是形上學概念，Dreyfus 和Rabinow 指出，在《規訓與懲罰》中，傅柯暗示政治技術的發展先於經濟技術、監督技術，並支配資本主義的成長（Dreyfus & Rabinow, 1992: 177）。因此Dreyfus 和Rabinow 暗示了傅柯將政治權力視為決定其他權力和知識的源頭，但對政治權力本身卻沒有解釋它是怎麼來的。Dreyfus 和Rabinow 進一步指出，傅柯認

爲他已經揭示了權力的微觀物理過程，但傅柯所描述的內容過於隱晦，我們無法認清那是何種過程，因此系譜學仍需要進一步的闡釋（Dreyfus & Rabinow, 1992: 149）。

2.權力的壓制性與生產性的矛盾

Fraser 批評傅柯的權力／知識觀，是混合馬克思主義的用語和康德的道德律令，但這種結合混亂不堪，原因來自於權力概念的含混。Fraser 認爲，傅柯雖宣稱權力是生產性的、中立性的概念，但其實具有特定立場。含混之處在於，傅柯同時宣稱生產性是所有權力自身的概念特徵，但另一方面他又做出相反的斷言，即知識生產過程中具有危險性，即人會被客觀化爲一個主體，以及被權力機制所壓迫。因此權力是生產性的、中立性的觀念就很值得懷疑。傅柯實際上游移在兩個同樣不充分的立場之間：一方面他採用的權力概念（權力的生產性）容忍他不去譴責現代性的不良特徵，另一方面他已經判定了現代性的缺陷（權力的壓制性）是無可挽救的。（Fraser, 2001: 139-42）。

（二）知識與認識論

1.認識論之有效性的擱置

傅柯在《詞與物》中陳述認識型的不連續性和斷裂性，

在《知識考古學》中指出知識和論述形構之間的相互影響，在《規訓與懲罰》敘述權力、知識和身體之間的關係，似乎可以很容易判定傅柯和廣泛的後現代立場一樣，否定認識論的有效性。但許多學者認爲傅柯並未將認識論的有效性完全予以否定。Fraser 和Simons 說到，傅柯雖然強調權力對知識的作用，但他並未完全否定認識論的有效性，只是將這個問題擱置下來（Fraser, 2001: 126; Simons, 1995: 92）。Blanchot 亦認爲，傅柯沒有質疑理性本身，他只是對一些理性觀（rationaltities）和理性化程序（rationalizations）的危險進行反思（Blanchot, 2001: 29; Foucault, 1984: 343）。

2.傅柯無法提供讓歷史進步的認識論

　　雖然傅柯沒有完全否定認識論的作用，但羅逖仍不滿傅柯的系譜學，他認爲傅柯的系譜學無法提供樂觀的認識論，讓我們尋求共識，促成我們的團結。羅逖並批評傅柯否定歷史進步的可能，因爲他將西方整個哲學計畫都視爲壓迫和不義（Rorty, 1986: 41-48）。

（三）抵抗

1.「抵抗」的立場缺乏規範性基礎和有效的理據

　　哈伯瑪斯認為唯有通過溝通行動，才能使人們在平等的基礎上承認對方，但他批評傅柯只是將論述視為一種暴力的對抗，而他對抵抗的說明缺乏規範性基礎，因此暴力和抵抗之間的界線過於模糊（Simons, 1995: 113-4）。傅柯曾對此問題為自己辯護：若要設想另一種抵抗權力的體制，只不過是擴大現有體制的參與罷了，它會有將現存的權力機制重新規範化的危險（Foucault, 1977c: 230）。但Dreyfus 和Rabinow認為到底要如何抵抗，傅柯仍沒有給出答案（Dreyfus & Rabinow, 1992: 259）。Fraser亦指出，傅柯只能通過規範性概念說明權力／知識對我們造成的傷害，才能說明我們為何要抵抗權力／知識，為何對權力的鬥爭優於屈服於權力。並且，傅柯從描述性的權力觀（生產性、中立性的權力）走向生命權力（bio-power，壓制性的權力）的批評，缺乏詳細的論證。（Fraser, 2001: 138-9）

2.「抵抗」在政治上的退縮

　　許多批評者認為傅柯的抵抗方式在政治上難以發揮作用，因為傅柯的抵抗強調倫理學和美學上的實踐。Wolin認

為，傅柯的抵抗立場只是一種審美決定論（aesthetic decision-ism）的展現。在《瘋癲與文明》中，傅柯就賦予「瘋癲」天生善良的形態，而「理性」則被痛斥為壓制的代表，他高度評價審美領域，他認為在審美領域，如賀爾德林、耐瓦爾、尼采等的作品，才能出現「非理性的光輝」。傅柯和尼采一樣，認為審美才能超越善與惡和真與假的對立，傅柯在《性史》中主張一種「自我的技術」（techniques of self），「人們通過有意圖的、自願的行為，不僅制訂他們的行為規範，而且還尋求改變他們自己，把自己變成獨特的生命體，並把他們的生命熔鑄成一部帶有某種審美價值，和吻合某種風格評判標準的藝術作品」（Foucault, 1990: 153）。但傅柯和尼采一樣都陷入同樣的困境，即審美的意志力本身就蘊涵決斷能力，而無須考慮行為本身的內容，它變成一種反社會、自戀式的退居自我世界的行為。Wolin 認為傅柯必須從審美決定論跳躍到政治世界，面對人權、公民自由等問題的困境，審美主義無法實際面對這些問題（Wolin, 2001: 220-40）。Hiley 表達同樣的觀點，他認為傅柯將抵抗和個人的性的主體性（personal sexual subjectivity）連結起來，他太關注於美學主體因而將政治主體的考慮予以排除，因此他在政治立場上的抵抗是失敗的（Hiley, 1984: 206; Simons, 1995: 102）。

（四）反省

　　這裡筆者從以上批評者的觀點和傅柯自己的立場，評論傅柯理論的缺陷，以及他可以給我們的省思。

　　批評者認為傅柯的權力概念過於空泛，甚至於接近形上學的概念，從傅柯各式各樣、前後不一致的敘述的確很容易讓讀者產生這種印象，從德勒茲對傅柯權力觀的解讀看更是如此（Deleuze, 1986）。筆者認為，傅柯旨在打破各學科（如社會學、政治學等）關於權力的規範性論述，並建立自己分析權力的視角和策略。但在這個論述過程中他把自己陷入困境，亦即他已經把歷史上各學科的規範性理論視為權力、論述形構或認識型等的衍生物，因此他自己就必須避免使用規範性的學科語言，對權力給予明確的定義、功能和解釋等[25]。故在論述上，他必須小心被自己的理論武器所傷害。如此一來，傅柯在權力觀的敘述上就必須閃閃躲躲，防止自己被固定的定義和理論給綁死。不過我們也毋須就直接斷定傅柯的權力／知識理論是失敗的，傅柯已經表明他所提供的是一套分析權力的工具和策略，而非關於權力的理論[26]，因此，一些批評者以「理論」標準來評斷傅柯有失公允。

接下來的問題是，作爲一種分析權力策略和工具的系譜學，究竟是否有效？筆者認爲這種分析工具有一個重大缺陷，就是我們無法確定在哪裡可以使用它。傅柯告訴我們，「哪裡有權力，哪裡就有反抗」，「我們應該從有反抗的地方研究權力」（SP: 270），「我們不需要在哲學上提出抵抗的理由，那些反抗的人就是被權力所傷害而無法忍受」（IP: 216）。傅柯幾乎爲所有形式的抵抗都賦予合理性，又說我們應該從有抵抗的地方研究權力，但問題是難道所有的抵抗都是爲了反抗權力？一切的反抗都具有正當性？難道權力不會以抵抗之名在社會上行使？如果我們在任何有抵抗的地方運用系譜學揭露權力／知識的作用，只是一再地反覆說明有抵抗的地方就有權力、有權力的地方就有抵抗，這只能空泛的證明系譜學的有效性。但即使能夠克服這一點，就系譜學的方法要求來看，它也很難被適當的運用，因爲它很容易陷入粗糙的經驗主義和化約主義，這樣的困境也來自於傅柯權力觀的混淆。傅柯描述出權力的生產性，但又主張個人（individuals）要抵抗權力的壓制性，從這樣的主張來看，權力在功能上是生產的，價值上是有害於個人的，這兩種頗爲衝突的特質，卻是系譜學據以分析的所在。系譜學要從銘刻在身體上的主體性和知識找出權力斧鑿的痕跡，但我們卻很容易

將身上的記憶（memory）全都化約為權力的作用，進而反對它（counter-memory）。若我們簡單的將所有從身體上展現的姿態和儀規，直接連結到論述、制度、微觀政治機構等的作用，即去任意連結權力和身體的關係，將很容易陷入粗糙的經驗主義。我們必須警惕，傅柯提供的是一個分析權力的起點，而不是分析所有權力面向的準則，任何有關權力與身體的探討，都是一種特例，而非普遍的權力法則。

在認識論方面，羅逖批評傅柯未能提供出讓歷史進步的認識論，筆者認為這種批評有誤。原因來自於傅柯和羅逖歷史觀的不同，傅柯雖然對認識論的有效性存而不論，但從《詞與物》、《知識考古學》等著作可以知道，我們根本無法判定什麼是進步，並且對傅柯而言，重點也不在於我們怎麼「進步」。重點在於，權力在不同的時代、不同的地點以不同的形態宰制著我們，虛構出作為「主體」的「我們」的觀念，而我們要如何擺脫它的壓迫，創造我們自己的個體性，而「進步」可能只是權力展現新宰制形態的表現。對傅柯而言，讓人的歷史更好的意涵是創造自我；對羅逖而言，則是增進「我們」的團結性。但從傅柯的立場看來，這種要鞏固「我們」團結性的行為只是製造暴政，因為這種團結性是來自於對偏狹的種族中心主義和自我滿足的自由主義[27]，這種

分辨敵我的方式，恰巧屬於傅柯在《論述的秩序》所說的三種社會的排斥系統之一。

Wolin 批評傅柯的審美主義情節似乎有所道理，因為傅柯幾乎將抵抗的實踐都寄望於倫理學和美學領域，在政治領域，被傅柯凸顯出來的卻是人在權力機器下的絕望，正如韋伯（Max Weber）對正來臨的工具理性時代感到悲觀一樣，工具理性既帶來進步也帶來僵化，而我們的痛苦只能和「進步」一起承擔。但筆者認為個人在美學和倫理學領域的反抗不可被拋棄，因為它們構成反抗的重要驅力，例如「對自我的技術」就和認同政治有密切關連，只是傅柯在政治抵抗和知識抵抗，以及倫理關懷之間，沒有清楚建立出轉化的能量。

雖然傅柯的理論在政治行動上較為薄弱，但不可否認的，在女性主義、認同政治、後殖民主義等領域，皆從傅柯那裡取得強大的理論武器，發揮傅柯理論的實踐能力。並且，傅柯將權力問題空間化，使我們得以警惕在哪些微觀政治場域，權力／知識也在默默的發生作用。

傅柯在認識論問題的擱置，以及他在權力／知識觀的缺陷，以下筆者嘗試藉由整理布爾迪厄的知識立場，探討布爾

迪厄和傅柯能否相互彌補缺陷，進而提出更有說服力的知識
——政治論述。

 第二節　布爾迪厄

「純粹的認識論如果不伴之以對認識論有效性條件
的社會學批判，就會一次又一次地陷入束手無策的
境地。你不可能光憑認識論角度的論證，就把蘊涵
了人們的重大——和切實——利益的爭執給一舉消
解掉。但這還不是問題的全部。我的確想過，這些
二元對立，這些表面上是科學對立，實際上卻根源
於社會對立的二元對立，危害就在於它們在教育中
找到了另一種社會支撐。」

——布爾迪厄，《實踐與反思》

「在某種有限的意義上，我相信，自己在作品中已
經達到了目的：我實現了某種自我治療。我希望，
這種治療同時可以成爲他人可資利用的工具。」

——布爾迪厄，《實踐與反思》

　　布爾迪厄小傅柯四歲，並曾獲傅柯大力推薦擔任法蘭西學院教授，因此他們兩人在法國所處的時代背景基本相同。布爾迪厄的思想背景，融合了現象學、存在主義、馬克思主義、結構主義等思潮，其研究領域包含人類學、社會學、文學、美學、哲學、建築學等，是一位研究廣泛的獨特思想家（高宣揚，2002：8-26；邱天助，2002：19-44）。布爾迪厄和傅柯一樣，都很關注權力問題和知識問題，或許這和他們皆經歷過1968年五月事件有關，不過雖然他們都受相同時代的衝擊，其思想興趣也有所交集，但兩人的理論路數大相逕庭，以下先說明布爾迪厄使用的概念工具，再探討其對知識與權力問題的觀點。

一、布爾迪厄的概念工具箱：場域、資本與生存心態

　　場域（field, champs）、資本（capital）和生存心態（habitus）是貫穿布爾迪厄整個思想的關鍵概念，這裡說明這三個概念的意涵，再行敘述布爾迪厄的知識立場和知識批判。首先要說明的是，布爾迪厄的社會空間觀不同於古典社

會學，他反對涂爾淦將社會當成一個實體（things）來研究的認識方法，也拒絕馬克思的經濟決定論，馬克思視經濟利益為主導社會內部互動的主要因素，社會空間的運作也以生產關係為主軸。布爾迪厄主張社會空間是一種多維度的拓撲空間，故研究社會空間應是拓撲學（topology）的研究（Bourdieu, 1991: 229-30）。進一步說，布爾迪厄反對以政治、社會、文化、經濟領域的切割看待社會，這種反對立場有雙重意涵：一方面，這種切割方式過度化約社會空間的複雜性，社會領域不可能脫離政治、文化、經濟等領域的影響，經濟領域活動也無法自外於文化、歷史、政治力量的滲透；另一方面，這種切割方式所蘊涵的相關學科──政治學、社會學、經濟學、歷史學等，是出於錯誤的領域劃分，這些學科分工實是災難性的分工，例如社會學與歷史學的分工，錯誤的將社會學知識看成獨立於歷史脈絡的客觀存在；社會學與民族學的分工，是殖民時代的產物，因為社會學被視為工業社會的社會知識，而民族學則是前資本主義時代或落後社會的社會知識，兩者的分工突顯出線性史觀和殖民心態的偏見。為突破這種社會空間的分類謬誤，布爾迪厄主張以場域的概念分析社會[28]，他指出社會是由多種場域空間所組成的，包括經濟場域、政治場域、文化場域、科學場域

等，而這些場域並非獨立的社會空間，不同場域會相互重疊影響，一個人可以同時存在多向度的場域，而個人在特定場域中爲獲得較高地位所必須具備的關鍵能力（competence），就是資本。

　　布爾迪厄認爲，不同的場域各有不同的利益（interest）邏輯，而資本就是利益的具體化形式，一個人在特定場域擁有較高的地位，就必須掌握較多在此場域中被認可（recognized）的資本，例如學術資格之於文化資本，就相當於金錢之於經濟資本（Bourdieu, 1977: 187）。因此資本不一定是以物質形式表現，它也可以透過抽象的精神層次呈現出來，達到區隔資本多寡的效果，例如語言的修辭（rhetoric）、身體的姿態（posture）、文化品味（taste）等。舉例而言，雖然下層階級的經濟資本（金錢）不若資產階級，但某些家庭也會模仿資產階級的品味，如家中懸掛的繪畫、說話的修辭、舉止的姿態、培育小孩的教養等，以更接近資產階級的品味而占有一部分的文化資本。資本的掌握多寡即是個人在特定場域獲得地位的能力，而不同的資本又可以相互轉換（Bourdieu, 2000: 103），如以上所說下層階級對資產階級的模仿，以文化資本彌補經濟資本之不足，或是企業家以金錢交換攫取政治權力，就是經濟資本和政治資本的轉換，因此資

本和場域的關係具有濃厚的辯證性和彈性，以這種角度看待社會空間，就不會陷入僵化的或學科本位的思考模式。

雖然這種分析社會空間的方式展現出社會運作的複雜性和彈性，但要深入理解場域和資本關係，亦必須理解生存心態（habitus）的意義。Habitus 源自於拉丁文，其涵義是習慣、人的儀表、穿著狀態及「生存的樣態」（mode d'être, être 即「存有」、「成為」、「是」之意），不過這種意義主要是對表面狀況的描述，布爾迪厄賦予 habitus 更深的意涵，其指涉貫穿行動者[29]（agent）內外，既指導施為者的行動過程，又顯示其行為風格和氣質，並且，habitus 也綜合個人的歷史經驗和受教育的效果，具有歷史「前結構」的性質，會在不同的行動場合下不斷即時創新，它綜合個人的主觀意向和無意識的社會規約，表現出行動者和結構的雙向內化、外化過程[30]。布爾迪厄認為，社會學（及整個社會科學）必須突破主觀主義和客觀主義的二分法，主觀主義強調個人的理性計算能力和明確的意向性（intention），忽略了社會文化在個人身體所銘刻的意義脈絡，即「稟性」（disposition）系統，以及其所形成的集體無意識；客觀主義則過於強調結構的制約，把社會看成是靜止的空間，將「時間性」（temporality）排除在外，因而忽略個人在有限的社會空間中所可能具

有的迂迴開創能力。布爾迪厄指出，個人生活在社會中，有如身處一場遊戲，人的實踐不僅僅是進行理性計算的結果或過程，人的行動所憑藉的是遊戲感，遊戲的直覺在理性計算的背後起關鍵作用，這種直覺是稟性、教化、文化習性、論述氛圍等無形規範力量的綜合體，因此，制度、習俗等規範力量會制約行動者的實踐，並為行動者劃定無形的實踐界線。但個人在被制約的社會情境下，也會運用策略開創新的可能性，時間和偶然性是使個人不被「結構」完全決定的關鍵要素。也就是說，人在社會中的實踐具有規律性（regularity），但規律性不是必然性，因此人的實踐只是受限制的可能性。偶然性也必須放在「時間性」下才能更深刻的被理解。時間性是被客觀主義所忽略的重要要素，在客觀主義中，時間本身沒有改變結構的力量，因為結構是恆定性的，其中的要素關係不論時間如何推移都不會發生變化。

布爾迪厄在對卡拜爾人禮物交換的人類學研究中，借由駁斥結構主義人類學者毛斯的論點，指出時間在社會實踐中的重要意義。在布爾迪厄的研究中發現，卡拜爾人在贈禮與回禮的過程中，必須有一段時間間隔，在贈禮者送禮物給對方的當下，受禮者不能立即回禮，否則會被視為不禮貌的行為，受禮者必須等待一段時間，才能回送禮物。在受禮者尚

未回禮的時間間隔中，他是處於虧欠送禮者人情的狀態，而送禮者此時也處於微妙的優勢，即送禮者也在期待會收到何種禮物，因為受禮者必然要等待一段時間後歸還人情。因此，這一段等待的時間具有濃厚的文化意義，送禮是受禮者有虧欠感的開始，是贈禮者的巧妙挑釁，在交換禮物的行為背後，隱藏的是微妙的權力關係，結構主義卻將這一段時間予以忽略，將禮物交換行為僅視為社會符號規範下的產物而已，不知道等待的時間構成禮物交換行為中關鍵的一環（這和某些西方人與中國人在接受禮物時，基於文化脈絡所應該表現出的反應有所不同，有異曲同工之妙。對某些西方人而言，送禮者的期待是對方在收禮的當下就拆開包裝，然後對禮物表現出欣喜與感謝之情，中國人則認為立刻拆開包裝是不禮貌的行為，必須帶回去再予以答謝）。另外，和回禮必須等待不同，男人之間的挑戰不容許等待，若被挑戰者當下未予以回應，而是相隔一段時間才答應挑戰，和拒絕挑戰一樣被視為是懦夫的行為。再者，一位男士對一位女士表白愛慕之意時，若女士對此位男士興趣缺缺，則很容易馬上一口回絕，但若女士亦對這位男士有所心動，則她可能會等待一段時間再予以答覆，以使自己處於優勢地位，能左右這場愛情遊戲。

　　維根斯坦在《哲學研究》中問了一個有趣的問題：「如果我每天都告訴你，『我明天會來看你』，但我每天都沒去找你，那麼我每天都在說一樣的話嗎？」在這個問題裡，客觀主義無法解釋時間的延遲可以具有轉換意義的作用，主觀主義也無法解釋主體所謂的意向性，如何在時間和文化之流中被淹沒、轉化、制約。布爾迪厄欲以「生存心態」的概念，超越客觀主義和主觀主義的對立，生存心態具有「歷史先驗性」（historical transcendental），它將歷史轉化為自然（Bourdieu, 1977: 78; 1992: 249），是導引、制約個人與集體實踐的「前結構」（pre-structure），它被歷史地構成，但又是形塑個人的社會行為、生存方式、舉止風格、行動策略等的總體根源（高宣揚，2002：204）。也可以說，生存心態就是整體的「稟性」（disposition）系統，它構成人們思維的主要基質（matrix）（Bourdieu, 1977: 83）。人所蘊涵的生存心態，將「過去」與「未來」的向度都濃縮在「現在」，亦即過去的歷史文化融入在個人的心靈中，對未來的期待則建立在被社會文化所導引出的「志向」（aspiration）上。但是生存心態對個人不具有絕對的主宰力量，個人會對社會保持一定的距離，表現自己的立場和活動，因為個人對社會的無形規約並非完全無意識的，他們仍能感受到整個文化氛圍對他們的有利和

不利之處，故個人會以不同的策略利用或反抗社會集體的「前結構」以達到自己的目的[31]。布爾迪厄將這種社會場域中各種大小不同的群體，所呈現出既有同一性又有差異性的多元節奏，稱為「交響樂式的表演」（orchestra），它是一個沒有指揮者的樂團，個人作為演奏者和他人雖有差異性，但集體卻可以表現出相互交融的特定節奏。

確切的說，布爾迪厄認為心靈世界對客體的印象並非是以主觀性對抗客觀性，因為客體本身即是客體化操作的結果，亦即所謂的客體或對象，是已經被結構化（structured）或客觀化（objectification）的產物，這些被結構化、客觀化的對象和「身體化」（embodiment）具有辯證關係，因為這些對象在家庭、教育等學習過程會對個人的行為、思想、感知持續發生影響，而個人被形塑的思維又繼續強化這些被結構化之對象的合理性。身體是由含蓄的教育予以潛移默化，經由這種教化，個人便被灌輸特定的宇宙觀、倫理觀、政治哲學等，即使是很細微的教化都能顯現這種效果，例如師長對孩童叮囑「要站的抬頭挺胸」、「不要用左手拿刀（或筷子、筆等）（括號內為筆者所加）」，都從特定的實踐邏輯（practical logic）顯現出特定的價值（Bourdieu, 1977: 90-4）。

　　現在再從生存心態來檢視場域和資本這兩個概念，便能更深刻瞭解社會空間的複雜性和辯證性。作爲「歷史先驗性」的生存心態，既創造社會實踐，又爲社會實踐所維持、轉化，因此各種不同的場域是經由社會實踐所創造出來的，這些場域又構成特殊的生存心態。因此，人們便不能以簡單的利益概念作爲解釋他們社會行爲的原因，因爲利益假設個人有明確的、理性計算的意向性，但在各種場域中，人的行動策略所憑藉的理性，是爲生存心態和稟性系統的無意識運作所構成，故利益是被建構和教化出來的，其內容不是先驗的被給定，利益計算是一種遊戲感，它爲特定的場域邏輯所支配。布爾迪厄也經常使用利益概念，但他指涉的即是以上所說的，在特定場域中被結構化，並被鑲嵌在個人的身體中，或可說是被身體化的利益，他認爲「利益是驅使人行動（gets people moving），讓人們團結或競爭的東西，而它也是場域運作的產物」（Bourdieu, 1990a: 88）。個人在場域中追逐資本不是所謂的利益極大化，資本是個人在場域中的一種「投入」（investment）活動，經濟學所說的investment是指投資，是理性人追逐利潤的活動，而這裡所指的「投入」，是指個人在社會實踐中被無形的軌道（trajectory）所牽引並積極參與的遊戲活動，但在行動上又看似是理性算計棋步的過

程。布爾迪厄指出，在不同的場域所衍生的特定利益，表現為不同的資本，但不論是何種場域，最高形式的資本皆是「象徵資本」（symbolic capital）。象徵資本是一種「信用」（credit），它是獲得物質和象徵利益的最佳保證（guarantees），因為它是被認可的、合法的累積資本形式，而其他種類的資本又是被象徵資本所認可的、合法的資本形式，換句話說，象徵資本不是資本的一種形式，當某些資本形式被「誤認」（misrecognized）（關於誤認的意涵隨後會加以說明）為是具有合法、正當的資本，而具有剝削的權力或能力（a power or capacity for exploitation），它就成為象徵資本（Bourdieu, 1977: 180; 2000: 242）。例如在經濟場域，金錢未必就是最高的資本形式，在1955年左右的法國，建築工在新屋完工後，若沒有在雇主家被邀請吃一頓飯，或建築工要求以等價的金錢交換宴請，都被視為是恥辱的行為。因此這裡代表一種「信用」或象徵資本的，不是金錢而是一頓飯，如果雇主在完工後不請客，這個建築工就難以繼續在這行立足，若建築工要以取得現金而拒絕宴請，則更被視為工匠界的恥辱（Bourdieu, 1977: 173）。

象徵（symbol）在布爾迪厄的理論中亦是關鍵概念之一，在生存心態和場域，或文化再生產（reproduction）的過

程中，象徵在其中扮演著不可化約的中介角色。在布爾迪厄那裡，象徵不僅僅代表某個名詞或對象物的指涉，它超越論述的界線，其包含複雜的變動性、含蓄性和不可描述性。象徵不僅指涉某物，它也反過來替代某物，並且象徵也經常是透過「委婉」的方式表現出來，因此象徵既有特定脈絡下的明確指涉性，又有意義的模糊性，例如圖騰、旗幟、十字架等物，均有特定的文化指涉意義，但另一方面它們的背後又有某種難以言喻的意義使人敬畏。因此象徵所發揮的作用是複雜的「密碼化」（codification）和「解碼化」（decodification）過程，它同時指涉可以言傳的和不可言傳的意義（高宣揚，2002：162-7）。

　　布爾迪厄從生存心態、場域、資本、象徵等概念，闡述個人在社會中的實踐邏輯，簡單來說，整個社會實踐過程就是外在性的內化（internalization of externality）與內在性的外化（externalization of internality）的辯證（Bourdieu, 1977: 72）。討論至此，整個社會實踐中另一關鍵要素逐漸昭然若揭，即權力的作用。在以上的討論中，尚未說明清楚的問題在於，各種資本形式是通過何種方式轉化為象徵資本？生存心態如何在社會實踐中被構成和轉化？歷史如何被自然化而使特定文化價值構成行動者的先驗意向？以下從象徵暴力、

權力和語言的面向說明這些問題。

二、語言、權力與象徵暴力

關於語言與權力的關係，布爾迪厄在《語言與象徵權力》中有詳盡的討論。布爾迪厄反對索緒爾和喬姆斯基（Chomsky）的語言學，他認為他們迴避了人們獲得語言實踐的合法能力（legitimate competence），以及定義語言合法性的語言市場（linguistic market）中，所必須具備的經濟與社會條件（Bourdieu, 1991: 44）。布爾迪厄認為，在國家形成的過程中，一種官方語言（official language）會逐漸被建立起來，並創建出統一的語言市場，整個社會中的語言論述都會被這種官方語言的標準加以衡量。但是這種語言市場的形塑過程，不是國家以明白的暴力手段加諸於社會而達成的，而是透過各種巧妙的迂迴方式，讓社會在難以察覺的情況下接受官方語言。例如雙語政策（bilingualism），政府規定出主要的官方語言，並將其他社會少數族群、階級或地域的語言形式予以歸類，而後以官方語言度量其他語言的合法性（Ibid.: 45）；另外政府也會使用屈尊策略（strategy of conde-scension），例如法國政府在西南部的Béarn開設一廣播節

目，Béarn 的市長會刻意以當地的口音在節目中講話，當地市民便很容易從有親切感的語言中，接受許多官方立場（Ibid.: 68）。在語言交換（linguistic exchange）的過程，溝通關係中的傳送者和接收者的關係基礎，是譯碼（encipher）和解碼（decipher）的能力，在語句的背後隱藏的是資產的符號（signs of wealth）和權威的符號（signs of authority），因此，在語言的傳送者和接收者之間，充滿超乎語句界線的角力競爭，包括表達風格（expressive style）、口音、發言地位等（Ibid.: 67）。但它不是一個公平的競爭遊戲，因為並非所有的人都知道他身處於語言市場的宰制關係中，簡言之，整個官方語言的建立是透過「委婉」（euphemism）的方式灌輸在語言市場中（Ibid.: 51; 80），教育系統即扮演這種將官方語言正常化（normalization）的關鍵角色，如在十九世紀的法國，教育體系的效用範圍逐漸增強，許多俚語（slang, gibberish）被貶低，合法性語言被強加在學生的學習過程中，學校不僅推廣學生在學校說法語，在家中同樣也須以法語溝通（Ibid.: 49）。

　　但布爾迪厄並非單純地強調國家式力量的無所不在，重點是，一方面官方語言雖然在國家層次上宰制整個社會的語言市場，但在其他場域，如學術場域、科學場域、經濟場域

等，亦存在掌握象徵權力的一群人，在各自的場域中占有優勢，各場域的語言交換也處於不斷的同化（assimilation）與異化（dissimilation）過程，故象徵權力不是單純的被某一部分人掌握，它在各場域之間流通、轉換，文化場域、經濟場域等場域掌握象徵權力者，也和國家式的官方語言維持某種共謀關係，以保持自己的優勢。

在不平等的語言場域中，行動者使用語言的能力和策略，依據他所占有語言資本的程度而定，而語言資本又端視進入教育系統的機會、階級關係的結構位置等而有質量上的差異（Ibid.: 64），故行動者使用語言的能力，既是技術的又是法定的（statutory）（Ibid.: 69）。一種特定的語言風格、表達方式、特定詞彙等，能在語言市場內被廣泛使用，其中的重要條件在於它們是被承認的（recognized）語言，而一種表達風格被承認並被廣泛使用後，在其語言背後所蘊涵的價值觀、倫理關係、宇宙觀等，就形成一種象徵。但這種象徵背後的價值觀和權力關係，在語言市場的語言交換活動和再生產機制中，皆難以被察覺。這些象徵性的語言、符號、姿勢的擁有者或創造者，就是掌握象徵資本（symbolic capital）的一群人，他們掌握足夠的象徵資本，就具有象徵權力（symbolic power），在語言市場，乃至於其他通過語言操作而

占有優勢的場域，象徵權力便成爲一種高於其他權力形式的力量，其擁有者在特定場域會占有更高的優勢。布爾迪厄說到：

　　一個人要改變世界，他必須改變創造世界的方式，也就是說，改變那些被生產和再生產之**團體**（groups）的世界觀和實踐活動。作爲模範性的象徵權力，在其權力運作中產生的各種團體（包括必須被承認的已建立團體，或像馬克思主義下的無產階級，這種尚待整合建立的團體），建立在兩個條件的基礎上。第一，就像各種表達願望（performative）的論述形式一樣，象徵權力的基礎，是必須占有象徵資本。象徵權力爲他人的心靈注入一種社會分類（social divisions）的景觀（vision），不論這種景觀是新的還是舊的，它都依賴經由鬥爭而獲得社會權威才能被構成。**象徵資本是一種信用，它是能夠保證其被承認並迫使他人承認之的權力位置：就此方面而言，這種權力的構成，以及以此權力創造新團體，都是通過動員（mobilization）或以代理（procuration）[32]的方式促使它存在。**代理是根據自己的言行而使自身成爲權威化的發言人（spokesperson），代理者是通過漫長的制度化而形成的，或者，一個代理人可以藉由團體獲得的權力，反過來形塑這個團體。

第二，相當程度上，象徵效用所欲灌輸的景觀是站在現實（reality）的基礎上。顯然地，團體的建構無法是一種虛無的（ex nihilo）建構，若能發現更多現實就有越多的機會進行建構：也就是我曾說過的，人與人之間客觀上的類似特徵可以被歸類在一起。越符合這種條件，理論效應（theory effect）就越有力量。象徵權力是以文字創造事物（things）的權力，只有描述和事物間可以恰當的相稱時，描述才有辦法創造事物。在這樣的觀念下，象徵權力是一種神聖（consecration）或天啟（revelation）的權力，是一種將原本就存在的事物予以隱藏或顯現的權力，但這意味它毫無作用嗎？事實上，從Nelson Goodman那裡我們可以知道，作為一種群集（con-stellation），只有當它被選擇或被命名為特定團體、階級、性別（gender）、地域或民族的時候，它才會存在，亦即只有當這些群集根據特定規則而被認知（cognition）和承認（recognition），並被予以區隔的

時候，它們才會存在。（Bourdieu, 1990a: 137-8）
（黑體爲筆者所加）

　　從這段敘述可以得知，分類（classification）鬥爭是最根本的象徵權力的爭奪空間，對分類的鬥爭是階級鬥爭中最基本的切割（社會空間）工作（Ibid.: 138），象徵權力在對他人灌輸特定世界觀的同時，也迫使他人在無形中接受特定的分類範疇。但人們會對之加以接受，必須有客觀基礎作爲根基，例如膚色、語言等，故「實存物」永遠都是定義「實存」的鬥爭立基點。即使不論按照何種區隔標準（語言、習慣、文化等），都不可能從現實中完美的切割出符應這些範疇的區塊，但當被承認的權威對特定團體範疇化（categorization）時，論述的客觀化和建構力量就將「民族」、「地域」等分類變成現實（Bourdieu, 1991: 222-4）。因此，象徵權力可以改變人們的世界觀和行動方式，它不僅僅是話語內的力量（illocutionary force），它創造的認知（cognition），就是人們對世界的「誤認」（misrecognition）（Ibid.: 170）。「理論效應」（theory effect）就是具有造成誤認力量的重要來源，布爾迪厄以馬克思主義爲例指出，馬克思主義者在社會世界中尋找階級和階級鬥爭的存在，將複雜的社會活動都化約到經濟面向，然後又將這些解釋從各種歷史發展中，反覆證明階級和

階級鬥爭的存在。因此，階級鬥爭的現實，相當部分就是這種理論效應的產物，理論效應造成的象徵效果，使人們以為階級鬥爭根植在歷史客觀性上（Ibid.: 133）。布爾迪厄強調，只有理論操作，才能影響各種觀念，例如上／下、左／右、東／西的空間觀，不是先驗的空間形式，而是經由不同的理論所形塑出的神話——禮儀空間（mythico-ritual space）（Bourdieu, 1977: 117）。

在以上引用布爾迪厄的一段話中，他提到：「象徵資本是一種信用，……這種權力的構成，以及以此權力創造新團體，都是通過動員或以代理的方式促使它存在」。故象徵暴力之前，必須再提及布爾迪厄「代言人」（delegation）的概念。一般的觀念是，代言人代表了委託團體的意志，例如某個團體會委派一個代言人（或代表者）為其發言，例如在國會就是議員作為一個地區市民的代言人，或多個利益團體的代言人。但在布爾迪厄看來，代言人和其代表的群體之間的關係，是被隱藏起來的，不是團體委託代言人，而是很大程度上代言人創造了團體，團體被代言人再現並予以象徵化，而這個被再現的團體又反過來鞏固代言人的代表性。代言人也經常以「喚醒意識」（awakening of consciousness）的方式隱藏其和團體之間的關係，在團體形成的過程中，不同的個

人將他們組成一個團體，但在委託代言人的同時，他們又喪失一部分的掌控權，換句話說，個人無法把他們自己組成團體，讓他們成為團體的是某種勢力（force），這個勢力才能讓團體發聲、被傾聽（Bourdieu, 1991: 204）。再者，在代言人代表團體的過程中，會產生政治異化的效應，即人民、事物（things）被視為是社會的獨立存在，它們被視為是社會行動者自己創造出來的產物，相反的，其實是特定代言人將這些群體給建構出來，布爾迪厄稱這種異化現象為「政治拜物教」（political fetishism）（Ibid.: 205）。

代言人和團體之間是換喻（metonymic）關係，代言人扮演著順從的、客觀的符號，指涉或顯現其委任者的存在，因此可以如此形象地說明：符號創造所指（signified），而能指（signifier）被創造出的所指所認同，代言人因而成為團體的偶像（effigy）。但當人民越作為一種符號被奪取，人民便越依賴代言人發聲而更被制約（Ibid.: 206-7）。代言人為自己賦予（並被團體所賦予）代表團體的正當性，這是代言人自我神聖化（self-consecration）的過程，布爾迪厄引述尼采在反基督（The Antichrist）中的批判，指出教會作為一個代言人，牧師以訴諸「客觀義務」（impersonal duty）的策略，宣稱自己的意志為上帝的意志，將自身神聖化，從而使自身的

意志成爲萬物的尺度。這種代言人以團體之名行使自身意志，並讓團體和局外人以爲代言人的聲音就是團體的聲音，布爾迪厄稱爲「神諭效應」（oracle effect）。在西方教會權力興盛的時期，「上帝」是一直被占用，用以正當化代言人的代表性的符號，而在今天，「人民」取代了「上帝」，推展「神諭效應」的功能。（Ibid.: 210-4）

現在從象徵權力、代言人、場域與資本這些概念綜合來看，可以看出象徵暴力如何存在於社會中。布爾迪厄認爲，符號交換功能作爲一種意識形態的機制，每當發生特定的現實狀態（de facto state），這種機制都會傾向將偶然的社會關係，轉化爲合法的、被承認的、不平等的權力平衡關係（Bourdieu, 1977: 195）。布爾迪厄指出：

> 象徵暴力可以發揮與政治暴力、警察暴力同樣的作用，而且還更加有效。（馬克思主義傳統的一個巨大缺陷，就是沒有爲這些「軟性」的暴力形式留出餘地，而這些形式即使在經濟領域中也發揮作用。）……
>
> ……這裡我所論述的所有方面，都使場域這樣的概念與傅柯的宰制理論〔諸如規訓或訓練（drilling），

或者認爲宰制具有另一種不同的秩序，類似開放且細微的網路〕區別開來。

……盡可能簡明扼要地説，**象徵暴力就是：在一個社會行動者本身（和象徵資本掌握者[33]）共謀的基礎上，施加在他身上的暴力。**我們現在提出的這樣一個説法有一定的危險，因爲它很可能導致學究式的討論，爭辯權力是否「自下而上」地運作，或者爲什麼行動者會「欲求」強加在他身上的制約等等一類的問題。所以，可以更嚴格地説：社會行動者是有認知能力的行動者 (knowing agent)，甚至在他們受制於社會決定機制時，他們也可以通過形塑那些決定他們的社會機制，對這些機制的效力「盡」自己的一份力。而且，幾乎總是在各種決定因素和將人們構成社會行動者的那些感知範疇之間的「吻合」關係中，才產生支配的效果。（這也同時表明，如果你想用自由與決定論、選擇和約束這樣一些學術界的二元對立來思考支配關係，就必將一事無成。）社會行動者對那些施加在他們身上的暴力，恰恰並不領會那是一種暴力，反而認可了這種暴力，我將這種現象稱爲誤認 (misrecognition)。

……知識份子經常處於最不利於發現或認識到象徵暴力的位置上，特別是那些由社會系統施加的象徵暴力，因爲他們比一般人更廣泛深入地受制於象徵暴力，而自己還日復一日地爲象徵暴力的行使添磚加瓦。[34]（粗體爲筆者所加）

由此可知，掌握象徵資本的一群人所施加的象徵暴力，使社會行動者誤認他們自己的利益所在，使得社會行動者也在追逐自身利益的過程中，同時鞏固象徵暴力的運作，不斷的再生產這種被隱藏的權力關係。更重要的是，布爾迪厄指出象徵暴力必須在共謀的基礎上才能行使，這個共謀基礎是由象徵暴力的施行者、被施行者共同實踐出來的。布爾迪厄認爲性別宰制是顯示象徵暴力的例子，在性別宰制的過程中，象徵暴力通過既是一種認識，又是誤認的行爲完成的，這種認識和誤認的行爲超出意識和意願的控制，或者說是隱藏在意識和意願的深處，象徵暴力的最高形式，就是權力（Bourdieu, 2000: 83）。在性別宰制的過程中，象徵暴力將性別支配予以身體化（embodiment），男女兩性的身體被強加相互不同的稟性傾向，例如榮譽的遊戲和戰爭的遊戲，或政治、商業、科學的遊戲都被認爲是適合男子漢的陽剛之氣。男人身體的男性化（masculinization of male body）和女人身

體的女性化（feminization of female body），持續建構著文化無意識。

布爾迪厄從Virginia Woolf的小說《到燈塔去》（To the Lighthouse）發現，Woolf指出了往往為女性主義批判所忽視的向度，即宰制者運用他對別人的宰制關係對自身進行支配：一個女性的眼光注意到，任何男人都必須在他洋洋自得的無意識中，不顧一切地、有時甚至是令人同情地，竭盡全力去達到公認的男人形象。布爾迪厄指出，男性宰制是在象徵交換的經濟邏輯上建立起來的，象徵資本具有相對自主性，因此不論男性宰制的生產方式如何變化，這種象徵暴力的宰制性都能不斷被維持下來。因此婦女解放必須進行象徵暴力的鬥爭，向身體化結構和被客觀化的（身體化）結構提出挑戰，質疑那種虛矯和區隔（distinction）的辯證關係（Bourdieu, 1992: 227-9 ; Bourdieu, 2001: 5-53）。

簡單而言，諸多的共謀者構成象徵暴力的運作，這些共謀者具有區隔社會各種範疇的命名權，或是具有不斷鞏固或再生產這種區隔的助力，而運作這種象徵暴力的核心，就是由各式各樣，分布在各種場域的「代言人」所構成的；而各場域中的個人，在語言運作的機制下，逐漸無意識的將這些

區隔或分類範疇視為不證自明（self-evident）的觀念，從而構成再生產這些區隔和象徵暴力的主要力量。這整個共謀過程中，社會行動者並非無意識的盲從象徵暴力的支配，重要的是象徵暴力的效果也帶給他們一些利益，他們也會利用這些利益讓自己在社會中生存，因此，在充滿無意識的象徵暴力社會中，沒有完全的宰制者和被宰制者，在象徵暴力的共謀中，宰制者與被宰制者相當程度上是互惠（reciprocal）的關係，宰制者同時也是被宰制者（如同以上所說男性也被自己的宰制關係所宰制），被宰制者同時也是宰制者，宰制與被宰制可以同時體現在一個人身上，並且宰制與被宰制相互依賴的狀態持續維持現存的象徵暴力結構（如同在註31中所提到的，男性利用官方的象徵暴力，使自己在婚姻策略中得利，他既是在官方規範下的被宰制者，又是利用這種規範得利的人，婚姻的不平等關係即依賴這種狀態被鞏固）。

布爾迪厄指出，分類系統（systems of classification）和感知範疇（categories of perception）的命名權，是政治鬥爭的決定性關鍵（Bourdieu, 1990a: 134），而國家的代理者，即持有合法的象徵暴力壟斷權，（monopoly of legitimate symbolic violence）（Bourdieu, 1991: 239），不過做為人民代言者的國家，和其他的代言者之間亦存在共謀關係。國家、議

員、知識份子和學者,都具有人民代言者的身分,布爾迪厄指出知識份子和學者也處於象徵暴力的共謀中,他們對官方的語言和概念範疇不加批判的使用,將官方的社會分類法予以客觀化,從而構成象徵暴力再生產的一部分力量。布爾迪厄在許多著作中極力批判學術界如何再生產象徵暴力,忽視了在社會結構中被自然化的不平等現象,以下敘述布爾迪厄從認識論和學術場域利益的角度,批判這種學術謬誤。

三、學院謬誤的批判:認識論與學術場域

布爾迪厄在反省整個社會科學的知識時,批判了學院的認識論訓練(主要為經驗論實證主義的認識論),使得知識分子和學者在無意識的遊戲感和有意識的策略下,共同參與象徵暴力的再生產,從而成為象徵暴力的共謀。布爾迪厄認為,社會科學的研究者在進行研究過程中,常會藉由各種行為特徵將社會中的個人予以歸類為不同的範疇。研究者認為這些特徵之所以有效,是因為一方面經驗主義告訴他們,經由感官知覺接收的現象,是知識的主要基礎,另一方面,研究者預設了在個人的社會行動背後,都必有特定的行為原因。布爾迪厄批判這種假設,認為他們忽略了其所建構的分

類特徵,是已經被象徵暴力概念化之後的對象,而不是樸素的、明晰的經驗對象,事實上,研究者和他們所研究的對象,都共同處於為象徵暴力所自然化的概念範疇中,象徵暴力已先一步占有了行動者的認知。布爾迪厄認為,從韋伯的「價值中立」主張,以及經驗論實證主義的認識論和方法論規訓,社會科學研究者逐漸將倫理中立和認識論中立結合在一起,也就是說,在認識研究對象的過程中必須避免涉入價值判斷(value-judgement),以免使研究結果產生偏差或負載特定的意識形態,從而使倫理中立性成為認識論的要求之一。但是研究者忽略了社會本身的狀態和理論概念的建構之間,存在一定的差距,如同涂爾淦所說的:「要將社會當成(treat as)一個實體來研究」,但不是說社會本身是一個實體。但是在經驗主義或實證主義的認識論要求下,科學方法論反而掩飾了象徵暴力滲入社會行動者(以及研究者自身)的情況,因此在學術論爭的背後,隱藏的是一種社會力量的對抗(Bourdieu, 1988: 21-5; 1991: 33-54)。

學術場域(scholastic field)作為整個社會空間中的一部分,它亦存在特定的生存心態,以及被生存心態和稟性所驅使的利益邏輯,而學術場域之所以成為象徵暴力的共謀,主要有兩個根源:一方面是「認識論中心主義」(epistemocen-

trism）所造成的學術謬誤，認識論中心主義將象徵暴力占有的社會範疇和概念，進一步客觀化、自然化、去歷史化，因此，學術場域所生產出來的世界觀是由特定社會條件所認可、偏好的立場，甚至會帶有相當程度的「種族中心主義」，從而鞏固象徵暴力（Bourdieu, 2000: 50-1）；另一方面，作為「人民」代言人的知識份子和學者，透過教育機器將自身生產出的知識予以永恆化，可以表現出超越特定立場的優越性，而比政府或其他立場更具資格談論「人民」、代表「人民」。這種學術傾向構成學術場域裏性的重要部分，並驅使學者和知識份子，和政府參與爭奪知識詮釋的遊戲（Bourdieu, 1993: 36-40）。從這兩方面來看，學術場域認為自己所生產出來的知識具有普遍性，但其實這種知識反而促成象徵暴力的的永恆化和自然化，據此而言學術場域是在官方象徵暴力下，無意識的被宰制著；另一方面知識份子也在進行爭奪社會團體及其他社會範疇的命名權，在此過程中特定的實踐邏輯被強加在「人民」身上，認識論中心主義所蘊涵的種族中心主義和其他為象徵暴力所形塑的偏見，同時壓制住其他實踐的可能性，因此學術場域同時也是壓制個人行動可能性的宰制者。故布爾迪厄稱知識份子為被宰制的宰制者（Bourdieu, 1992: 252）。

布爾迪厄把社會學視爲一種具有顯著政治性的科學，原因在於社會學極爲關注象徵支配的各種策略和機制，並且社會學和政治環環相扣。從事社會科學研究的學者們在權力場域中所處的被宰制地位，以及社會科學研究對象的特有性質，都決定了社會科學不可能保持中立的、超脫的和無政治意義的立場。社會科學總是不斷面臨各種形式的抵制和監督（surveillance）（Bourdieu, 1992: 53-4）。布爾迪厄認爲：

　　這幾乎是不可避免的情況，因爲在社會科學的場域中，對於科學權威的內部鬥爭，即對生產、強加和灌輸社會世界合法表象的權力鬥爭，本身就是政治場域中各階級間爭奪的幾個焦點之一。雖然在自然科學場域也存在許多外部鬥爭，但社會科學這種內部鬥爭，結果使得其永遠不可能實現像自然科學場域般的獨立程度。所謂中立的科學的想法只是一種虛構，而且是一種基於利益的虛構，它使我們對於社會世界占宰制地位的表象，將其象徵效力的中立化和委婉化的形式，看成是科學的。而這種表象形式之所以在象徵效力上特別有效，就是因爲在「中立的科學」看來，它在某種程度上有可能被誤認。爲了要去揭露那些延續既有秩序的社會機制，（這

些社會機制所特有的象徵效力正依賴於人們對其運作邏輯和效應的誤認），**社會科學必然要在政治鬥爭中有所偏倚**。[35]

因此可以看出，社會科學面臨的特殊困境在於，自主性愈強，並不意味愈具政治中立性，相反地，社會科學越是科學，它就越與政治相關，因為它反而越被各種形式的象徵權力所宰制（Bourdieu, 1992: 54）。也就是說，社會科學越追求科學性，越追求形式化的規律和普遍解釋法則，則它越依賴象徵暴力所造成的既定現狀，若如此，要如何看待社會科學的科學性？科學性是否仍是可欲的東西？還是說社會科學的目標應該從追求科學性轉移到其他方向？相當程度上，這些問題背後的預設，是認為具有科學性便可以為人類帶來幸福，否則我們也不會如此在社會科學領域中對科學性念茲在茲。布爾迪厄認為，關於「社會學是否為一門科學」的問題，我們不應給予孤注一擲的回答，應分辨那些因素增強了科學社群的科學性，以及科學家從這種位置獲得哪些利益（Bourdieu, 1991: 75）。

Wacquant 向布爾迪厄提出疑問：

「你一方面認為，由於象徵性的宰制，由於對社會

世界的信念式理解（doxic understanding）所隱含的誤認，有很多種歷史可能性直到今天都受到排斥，您主張解放自我意識，這種覺醒將拓展自由的空間，從而能把這些歷史可能性包容到理性所及的範圍之內。而另一方面，您的理論又同時促成了一種激進的解魅除魔，使這個我們必須繼續掙扎其間的社會世界變得幾乎令人難以容忍，不能生存下去。你一方面要爲增進自由、發展自覺意識提供工具，另一方面極度敏銳地意識到社會決定機制無所不在，這又很可能起到渙散人心的作用，兩者之間是否有矛盾的對立呢？」（Bourdieu, 1992: 254-5）

現代先回過頭來看，布爾迪厄在理性主義和歷史主義的對立中，站在什麼位置，再敘述布爾迪厄對Wacquant的回答。布爾迪厄認爲理性並非存在於心智結構或語言結構中，它存在於特定的歷史條件中，存在於一定的對話和非暴力溝通的社會結構中，但科學理性不是寄託在某種實踐理性的倫理規範中，也不能依賴某種科學方法論的技術規則，而是銘刻在不同策略之間相互競爭的社會機制中。如果社會學要成爲一種元科學，它不應是一種普遍性實踐的宣稱，亦即不應以爲自己可以有能力探究人類的所有實踐，元科學的意義在

於，它必須利用自身的手段，確定自己是什麼，自己正在作什麼，努力改善對自身立場的瞭解，並堅決否定那種只肯將其他思想作爲研究對象的「元」觀念（Ibid.: 248-51）。這種主張即是布爾迪厄所倡導的「反思性」（reflexivity）。

布爾迪厄回答Wacquant的問題時說到：

「……反思性這種工具將產生更多的科學知識，而不是相反。之所以要提倡它，並不是要對科學的雄心壯志潑冷水，只是想助使這樣的雄心變得更現實一點而已。……反思性使一種更加現實、更負責任的政治成爲可能。……巴什拉曾經寫到：『唯有關於隱藏事物的知識才是科學』。這種破除遮蔽的見解，其結果是引發某種超出本意的批判。科學越強大，越能夠發現各種機制——這些機制的效力至少有一部分是來自於人們對它的誤認，從而直達象徵暴力的基礎，這種批判也才更有力量。」（Ibid.: 255-6）

布爾迪厄提出的反思性，是一種包含倫理性、政治責任以及認識論的改造方案，它針對解除社會科學和象徵暴力的共謀，提出應對之道，以下就「反思性」的內涵進行討論。

四、反思社會學：政治、倫理與認識論

這裡先從布爾迪厄從認識論方面的反思，開始討論。關
於認識論上的反思，是兩個面向的結合：第一，社會科學研
究者在研究過程中，必須具備的「認識論警惕」（epistemo-
logical vigilance），第二，社會科學研究者必須意識到自己身
處的學術場域，其稟性傾向和其他場域及整個社會空間的關
係為何，以及意識到自己在學術場域之中所處的位置在哪，
不同的學術位置所具有的學術關懷會有不同層次的差異。

布爾迪厄表示，批判的反思性是根據經驗觀察而找出的
兩類弊病，所提出的解救之道，這兩類弊病，一類是在人類
學及其他社會科學中所預設的，認為行動者是有意識的、理
性的、超越情境的（unconditioned）個人，另一類是從這個
謬誤出發，讓人們以為我們經由社會科學的分析，可以在現
實的社會狀況中找到自由的可能性。反思性的實踐，即是要
去質疑科學主體對經驗主體（一般個人）的優越性
（Bourdieu, 1991: 118-9）。因此，在認識論警惕方面，布爾迪
厄一方面指出研究者必須破除傳統的主體觀與時間觀，並和
我們習以為常的各種概念有所決裂，布爾迪厄將此主張稱為

「認識論的斷裂」（epistemological break），另一方面布爾迪厄亦說明在斷裂之後，如何建構研究對象，揭露在象徵暴力後面的現實。

在主體觀的批判上，布爾迪厄認為實證主義將社會事實當成資料，再對這種未經批判、分解的資料進行詮釋，如果我們進行的僅僅是方法論反思，這種弊病仍會不斷的複製。布爾迪厄指出這種弊病的根源，在於研究者以為理論中所建構的主體，就是樸素自主的個體，並為其行為的原因賦予「存在的合理性」（raison d'être），然而，研究者若直接根據主體的行為判定其背後的原因，那麼研究者只是反覆解釋同樣的象徵權力結構，並進一步客觀化象徵暴力的宰制性。因此，研究者必須從社會行動者所處的歷史脈絡、社會文化情境，以及場域稟性及其所灌輸的利益邏輯，洞察社會行動者的行為意義，以及行動者如何被看不見的象徵暴力所宰制。進一步說，社會行動者一方面被鑲嵌在象徵性的社會空間中，無意識的被其中的稟性和利益邏輯所制約，另一方面又利用象徵暴力所帶來的立基點，有意識的進行策略活動，研究者必須突破社會中的象徵性，對社會行動者的行為予以再詮釋（Bourdieu, 1991: 33-8）。

在時間觀的批判上，布爾迪厄指出時間向度是被社會學過於忽略的要素，許多社會科學研究者將時間視爲預先給定的（pre-given）實在，或先驗的架構。布爾迪厄表明，我們應對社會實踐予以「時間化」（temporalization），也就是說，實踐不是在時間之中，實踐本身即在創造時間[36]。將「利益」要素放在分析社會現象的核心，是要表現出一種「在場──缺席」（presentiation-depresentiation）、「實現化──去實現化」（actualization-deactualization）、「利益──無私」（inter-est──disinterest）的時間運動過程。社會行動者的實踐感，是來自於身處象徵權力所構築的幻象（illusio）中，期待即將到來的機遇（chance），並完全地投入（invest）遊戲（Bourdieu, 2000: 206-7）。社會行動者的時間經驗，即是由主體的期待和客觀的機遇這兩個向度所構成。機遇爲權力（象徵暴力）所統管，因爲權力管制了各種場域的利益邏輯和稟性，從而形塑出主體對未來的志向（aspiration），因此權力使主體將特定的偶然事件，誤認爲一種機遇（Ibid.: 208-17）。據此而言，象徵暴力規範出主體和未來的關係，也就是主體和時間的關係。布爾迪厄指出，具有無上權力的人，可以讓他人等待，但自己無須等待。[37]社會中的個人，就是不斷面臨這種莫名的、不可預測的權力結構。

　　布爾迪厄除了批判經驗論實證主義的社會學之外,他也提出一套認識論方案,即如何突破象徵暴力創造的幻象和權力枷鎖,揭露整個社會、文化、政治、經濟場域運作的祕密。關於如何重新建構研究對象,或如何分析社會現象,布爾迪厄首先強調,認識論斷裂就是一種社會斷裂,並且在實踐上存在相當大的障礙,這種障礙有兩個來源:一方面,認識論斷裂意味著研究者將會和特定社群或專業人員的根本信念以及共識發生分歧,而另一方面,其他研究者從事解決經由官方生產出來的正規問題[38],可以受到國家的保障,從而使這種知識被賦予某種普遍性 (Bourdieu, 1992: 364-5)。因此認識論斷裂很大的困難在於,一方面來自於學術場域和官方力量的複雜性,使得問題範疇難以脫離象徵權力的(不僅是來自官方的還包括社會的)制約,另一方面研究者的研究興趣,很可能原本就來自於被預先建構的概念對象所構成的問題,因此也難以和象徵權力影響所及的研究問題相決裂。

　　布爾迪厄所提出的認識論斷裂,要求研究者必須從關係的角度思考社會現象,它有兩方面的意涵:第一,不能理所當然的把社會或行動者當成一個實體來研究,行動者的行為不能脫離歷史文化脈絡、場域稟性和利益,以及他和其他行為者的關係,也就是說不能將行動者看成孤立的理性個體,

或是把社會當成一整塊「理論系統」予以研究[39]；第二，研究者必須同時將自己和研究對象的關係，也納為自己反思的對象（Bourdieu, 1992: 372-88）。最重要的就是第二點，因為布爾迪厄表示，社會預先建構的概念，其力量就在於它既銘刻於事物中，又扎根在思維裡，卻難以有人注意到這種偽裝。認識論斷裂所要求的，就是學者關注方式的轉換，學者必須和他們原本固守的不自覺思維，劃清界限，對習以為常、不證自明的常識概念澈底質疑，這個要求布爾迪厄稱之為「參與性客觀化」（participant objectivation）[40]。參與性客觀化不能和參與性觀察混淆，進一步說，學者本身介入了研究者和被研究者的關係，而不是在被研究者之外的旁觀者，亦即在研究過程中，學者不只是觀察，相當程度上，被研究者的社會位置和行動意義已先被象徵暴力所占有、命名，而研究者在研究過程又鞏固了被研究者原本就被關注的方式，這種在研究過程中所產生的研究者—被研究者關係，研究者必須將之予以客觀化，並成為社會學（或其他社會科學）反思的對象，布爾迪厄主張發展的「社會學的社會學」，或「反思社會學」，就是從這種立場出發的訴求。布爾迪厄認為，在學者的研究旨趣背後，通常都有一些強而有力的社會因素：一方面，研究者作為學術場域的一員，他在此場域中

占據了與此特定位置相聯繫的各種特定利益；另一方面，社會建構出的對學術場域和社會場域的各種感知範疇，可以為特定的「學術藝術」（art pompier）和認識論提供基礎。（Ibid.: 380-1; 邱天助，2002: 98）反思社會學的目標之一，就是將這種影響學術人研究過程和旨趣的社會因素，也納入研究對象。

舉例而言，從選舉的遊戲空間來看，就包含幾個互動場域，其中的學術場域也有特定利益，扮演特定角色。在政治場域中，政治人物是主要的行動主體，身兼法官與當事人，往往被懷疑其對事件的詮釋帶有利益色彩和偏見，因而不受信任；在新聞場域中的主角是新聞記者，他們常在政治學者的幫助下，認為自己是採取客觀性和中立性的立場；在政治科學場域中，「媒體政治學者」（media politologists）占有關鍵地位，因為其身為媒體寵兒而享有獨特的發言權，學者和記者便涉入特定的結構性關係；在政治行銷（political marketing）場域，其中以廣告商和媒體顧問為代表，他們以「科學的正當性」（scientific justification）為政治人物粉飾門面；在大學場域，以對選舉議題有專精研究，在評論選舉結果有獨到之處的專家為代表，他們往往是「超然的」（detachment），也是最具「後見之明」（hindsight）的人。在不同場

域中的行動主體，其辯論策略與修辭運用，旨在製造「客觀性的戰線」（a front of objectivity）。在客觀性的訴求中，往往依參與者所擁有的特殊興趣和不同資產而定，透過不同場域無法明見的關係系統，爲中立裁決進行象徵的鬥爭。在這場選舉的遊戲空間中，政治人物興高采烈地宣稱選戰勝利；新聞記者宣稱提供客觀的報導；政治學者和選舉史的專家，描繪出統計圖作趨勢比較，宣稱爲選舉結果提出客觀的解釋。這些都是不同行動主體發展出的策略，以說明自己的眞理是遊戲的眞相，因而確保自己在遊戲中的勝利（轉引自邱天助，2002: 99-100）。布爾迪厄在選舉遊戲空間的分析中，揭露出學者並非理所當然的占據客觀性的位置，因爲學者本身即是爭奪客觀性和象徵性遊戲中的玩家。

布爾迪厄所倡導的反思社會學，在他認識論斷裂的訴求中，顯現出濃厚的知識倫理性和政治性。布爾迪厄表明：「我的研究就是要把社會上難以言明的症候轉化成清晰可辨的症候，從而可以用政治的手段加以治理」（Bourdieu, 1992: 263），並指出科學本身就蘊涵一種倫理性（Ibid.: 260）。布爾迪厄極力突破藏在我們社會深處和心靈深處的象徵暴力，他認爲各種被挑起的怨恨和暴力無不和這種象徵暴力有關，他冀求阻止科學在不自覺間成爲象徵暴力的共謀，他認爲科學

的目的是將人從苦難中解放出來，而不是將自己變成無所不包的眞理體系，因而他強調社會學應該是一門解放的、慈悲的（generosity）工具（Bourdieu, 1992: 278）。從這個立場出發，在日常生活中的枝微末節，我們都可能挖掘出隱藏在深處的現實，找出不平等和暴力的來源。因爲最具個人性的，就是最具社會性的東西（Bourdieu, 1992: 263）。除了科學方法論、認識論的技術外，直覺是更重要的工具。缺乏這種悲憫的直覺，布爾迪厄無法洞察出隱藏在卡拜爾人交換禮物習俗背後的權力宰制關係，以及男性結婚策略背後的社會權力關係。正如布爾迪厄所說的：

> 政治的領袖們實質上成了囚犯，被一群阿諛奉承之徒所包圍，這些隨從是一些原本一片好心的技術官僚們，可惜他們就是不懂他們的公民們日常生活中的一舉一動，不懂他們自己無知到何種地步。他們樂於藉助民意調查的巫術來進行治理，這些調查用一些被調查者不用的字眼，提一些被調查者一般並不會提出來的問題，而被調查者直到問題擺在了面前，面對調查者的催促和逼迫，才會不情願地給出一些牽強的答案。這種強加的問題，貌似合理的技術，其實不過是蠱惑人心的僞科學。爲了反對這樣

的作法，我提出一個設想，對社會的疾苦、悲慘的境遇、難以明言的不滿或怨恨進行探索性的考察。這些東西隱藏在近來諸多非制度化的抗議形式之下（出自高中生、大學生、護士、教師、電車司機等群體），是圍繞「阿拉伯婦女的頭紗」和公眾住房供應的滯後這樣的問題所產生的緊張局勢背後的關鍵。而且日常生活中廣泛存在的各種歧視待遇和相互指責的現象中所體現的「私人政治」，也正是受社會疾苦等因素推動的。（Bourdieu, 1992: 262-3）

關於知識倫理的重要性，布爾迪厄說出他自己的感受：

……我永遠不會忘記自己曾在一個夜晚訪談過一位受雇當郵件分撿員的青年女子，那是巴黎阿萊街一間空曠陰暗的大廳，她每三天就得有兩個晚上在這間瀰漫著灰塵的大廳裡履行她的工作：從晚上九點一直到第二天早上五點，她就這麼一直筆直地站著，把源源而來的郵件逐個分發到身前的六十六個小格裡去。她操著南方口音，可這不妨礙我透過她那陰鬱憂傷的語調，聽她用平淡的詞彙，敘說她晝夜顛倒的生活，敘說她夜班之後，迎著清晨巴黎的

寒冷，匯入浩蕩的人流，趕回遠郊她那間小公寓，還有那個夢想，那對故鄉的懷戀，那返回家園的渴望，一切看起來都已是遙不可及了……我之所以要著手進行這項研究，背後的動力之一就是一種樸素的倫理情感。我們不能讓政府的技術官僚們再這樣下去了，他們全然不顧及對民眾的責任和義務。作為一名社會科學家，不去介入、干預，恰如其份地認識到各自學科的侷限，而是袖手旁觀，這是對良心的背叛，是讓人無法容忍的選擇。（Bourdieu, 1992: 264-5）

因此我們每一次破除那些被我們習以為常的嘗試、重新建構出洞穿象徵暴力的視角，就是在對那些深層的暴力做出反抗。「解釋」不是描述「客觀的」因果關係，「解釋」本身就是「批判」或「揭露」。我們必須破除那些理所當然的觀念，並竭力重建一種社會空間，讓我們可以透視出其中的象徵暴力和不平等結構如何宰制我們每一個人，不要讓人們以為那就是他們天生的命運。若我們僅僅依賴枝微末節的方法論反省，無法使社會科學發揮除魅的效果，重要的是轉化我們關注他人和自己的方式，才能看清整個社會結構的真面目。

第三章　傅柯與布爾迪厄

五、評論

這裡舉出許多評論者對布爾迪厄的評論，各評論者的批評主要集中在以下兩方面，一方面是批評布爾迪厄的理論有許多模糊之處，另一方面是指出布爾迪厄主張的「反思性」，面臨哪些困境和矛盾。

（一）理論的模糊性

許多學者指出布爾迪厄的理論和概念架構有諸多模糊之處，包括概念和分類上的模糊，以及立場上的模擬兩可。Calhoun認為，布爾迪厄的理論架構有些模糊，他似乎提供出跨歷史的概念架構，如生存心態、場域等，另一方面又可以指出不同社會的文化差異性，如同他在卡拜爾人的研究中，所指出其和資本主義社會異質的實踐感。但布爾迪厄沒有清晰說明哪些範疇可以構成不同社會的歷史特殊性，而哪些範疇又具有超越歷史的恆定力量。另外，布爾迪厄的理論對不同的立場皆提供支持，以哈伯瑪斯而言，生存心態和場域概念可以為哈伯瑪斯增補「生活世界」的內涵，但另一方面，布爾迪厄認為，象徵暴力蘊涵在語言交流之中並難以被

意識到，這又會削弱哈伯瑪斯主張的理性溝通能力。
（Calhoun, 1993: 66-84）

　　Cicourel 亦表示，布爾迪厄認為整個社會的權力結構持續對人產生宰制作用，但人們接受權力結構宰制的過程卻如同黑箱，布爾迪厄沒有清楚說明人們如何默默地被權力所馴服。Cicourel 進一步認為，個人不會一味的臣服在結構的力量之下，個人的行動在結構中仍會具有偶然性，產生出多樣化的結果。如果布爾迪厄要對象徵暴力和相關權力結構作清楚的解釋，則他應在生存心態的概念中，加入更多認知（cognitively）和語言（lingusitically）的註解，因為人的認知過程和社會語言的交流過程非常複雜，必須對這兩者的作用機制作清楚說明，才有可能釐清生存心態所發揮的制約作用（Cicourel, 1993: 96-113）。Collins 的立場和Cicourel 相近，他認為雖然布爾迪厄指出教育所承載的功能，將象徵暴力潛移默化地傳遞給學生，但他忽略了在教育過程中，學生不是一味的接受教導，在社會語言的交流中，充滿各種衝突性，每個人基於自身的文化脈絡、階級意識等，不一定會對學校所灌輸的事物全盤接受（Collins, 1993: 134）。

　　Dreyfus 和Rabinow 認為，布爾迪厄同時操用兩種方法，

說明他的社會理論，一方面他以經驗分析的方式解釋社會存在，而另一方面他又以文化意義的形上學說明社會存在。簡言之，生存心態已被布爾迪厄認為是先於人理解的世界而存在，也就是說，人是依賴被預先給定的生存心態去理解世界，但布爾迪厄若要發展一套客觀描述或科學理論，就必須解決生存心態中的形上學色彩。Dreyfus 和 Rabinow 並指出，要解決布爾迪厄所遭遇的方法論問題，就必須採取詮釋途徑，理解不同社會所擁有的文化意義，如此方能免除生存心態的模糊性（Dreyfus & Rabinow, 1993: 36-44）。

（二）反思性的困境

　　許多評論者認為，布爾迪厄的社會理論和知識理論，留給個體反抗和結構變遷的空間並不大，因為象徵暴力、生存心態的制約力量不僅強大，也難以捉摸，布爾迪厄也表示，人難以理解自己所身處的歷史。因此，布爾迪厄主張的反思性，就他自己所陳述的社會境況而言，有許多的困境存在。Dreyfus 和 Rabinow 即指出，布爾迪厄認為客觀的社會科學可以使人站在生存心態和幻象（illusio）之外，挖掘出社會的不平等和宰制結構，但他又宣稱人無法脫離自己的歷史、生存心態和實踐感，因此布爾迪厄的反思性主張，以及關於脫

離宰制結構的問題，皆陷入兩難處境（Dreyfus & Rabinow, 1993: 43）。

Brubaker 指出，布爾迪厄雖分析了學術場域的稟性、利益邏輯等，但實際上學術圈內仍存在多元性和異質性的論爭，甚至不同的稟性，布爾迪厄難以對這種現象提出解釋。再者，就布爾迪厄提出的反思性而言，所有的科學家既都處於相同的場域中，那麼一個科學家如何意識到其他科學家未意識到的東西，進而對自己生產的知識進行反思？（Brubaker, 1993: 224-5）Garnham 亦批評到，在象徵暴力的籠罩下，一切概念和範疇的理解都先被象徵暴力占有，那麼政治行動的可能性和空間，是否仍然存在？並且關於人們如何使社會、政治的結構出現變遷，以及變遷的根源因素在哪等問題，布爾迪厄皆未解釋清楚（Garnham, 1993: 180-3）。

關於抵抗宰制的部分，Swartz 指出，布爾迪厄將抵抗的可能性，放在場域提供的機會，以及個人主觀的期盼兩者之間的偶合（mismatch），而非反思性思想的力量，那麼我們如何可能有抵抗的空間？如果抵抗仍依賴生存心態和場域的結構配置，那麼布爾迪厄作爲一個批判者的角色，也難以存在（Swartz, 1997: 294）。

（三）反省

　　除了以上的批評之外，有許多評論者對布爾迪厄的貢獻予以肯定，特別是關於語言、知識與文化的關係上，他們指出在布爾迪厄的思想中，維根斯坦對他的影響力和重要性。Taylor 在他對布爾迪厄的評論中舉一個例子：若我們欲往某地，在路上看到地上畫的一個箭頭，很自然的會往箭頭所指的方向走去。但這只是對特定文化的人才會有效，一般的知識份子會以為這種傾向是與生俱來的。但辨認箭頭的意義，是被文化教導的結果，人是被身體化（embodied）、符碼化（encoded）的動物，一般的社會科學理論欲解釋行動者的行為原因，其實存在許多侷限，從布爾迪厄和維根斯坦那裡，指引出社會科學的新方向（Taylor, 1993: 45）。Calhoun 認為，從布爾迪厄對生存心態、場域、象徵暴力等的分析，使我們得以瞭解在社會行動中，身體化與前語言（pre-linguistic）或非論述的知識之間的關係（Calhoun, 1993: 83）。Lash 亦指出，在現代的資本主義社會，符號運用已成為社會生活中的重要部分，布爾迪厄已詳盡地描繪出這種社會圖像。並且，和 Swartz、Garnham 等人批評布爾迪厄未給予行動者留下足夠的行動空間相反，Lash 認為布爾迪厄的文化經濟學突破了

結構主義對行動者的制約，給予行動者足夠的行動空間和可能性（Lash, 1993: 208-10）。

關於反思性的部分，Lash 認為布爾迪厄所倡導的反思性，迥然不同於季登斯和貝克（Beck）的反思性，布爾迪厄更詳盡的分析社會學本身的問題，而非將社會科學研究者視為理所當然、超脫自身利益的詮釋者，這在紀登士和貝克那裡是較為缺乏的部分（Lash, 1999: 202）。另外，Lovell 在思索布爾迪厄的反思社會學和女性主義立場時亦指出，布爾迪厄的反思社會學，可以讓女性主義警惕「學院女性主義」是否也構成阻礙女性行動可能性的一部分障礙（Lovell, 2000: 43）。

綜合以上的評價來看，筆者在此提出一些看法。許多學者批評布爾迪厄的概念架構有模糊性，其中既有先驗性又有經驗性，並且難以區分哪些概念具有歷史恆定性，哪些又是隨歷史特殊性而改變，但布爾迪厄曾強調，他所提的場域、生存心態、資本等概念，不能僵化的套用在社會現實上，必須隨時空環境的變化來交互運用。例如Wacquant詢問布爾迪厄，場域的界線在哪裡？布爾迪厄自己也認為這是難以回答的問題，必須通過詳細的經驗研究才能大致描繪出各場域的

界線。再者，場域空間是交互重疊的，如同本文一開始強調的，布爾迪厄所指涉的社會空間是拓樸學式的概念，不同的場域會相互重疊影響，一個人也會同時身處多種場域中，以不同的場域邏輯進行遊戲。關於生存心態的部分，Cicourel 和 Calhoun 等人認為此概念過於模糊，並批評布爾迪厄沒有詳盡的分析生存心態的內在機制，Dreyfus 和 Rabinow 則認為它帶有形上學的先驗性。但布爾迪厄所指涉的生存心態不是一個動態概念，他雖然說它具有「歷史先驗性」，但生存心態具有時間性，它是動態的形成，必須以發生學的角度來看待生存心態，當特定的生存心態被社會集體無意識的接受和實踐，它才成為具有先驗性的觀念和態度，但這種先驗性不是存在於先天的心智裡，而是在日常生活的言談、姿態、甚至心照不宣的行為中，獲得鞏固和實踐。

大部分的評論者批評布爾迪厄的方式，是以一種理論架構的尺度來衡量布爾迪厄的場域和生存心態等概念，並從中找出理論之間的矛盾和不足，但筆者認為，布爾迪厄一直在努力突破僵化的理論體系，他以這些概念工具運用在各種社會學、人類學等的經驗研究中，重點在於從被研究者本身所處的歷史中理解他們，而非從理論系統的標準理解被研究者。布爾迪厄雖經常使用「客觀」一詞，但他所指涉的客觀

不是理論系統的客觀，而是在歷史中實存的，制約或導引行動者行為的力量，而這種客觀力量又不是絕對客觀的，是相對於歷史和社會關係的變化而生成的力量。Lash 即指出，布爾迪厄所指的「客觀關係」，是「在資源配置中所占據各種位置之間的關係」，也就是經濟、象徵和文化資本的關係（Lash, 1993）。再者，這種客觀性力量並不是依循特定的結構路徑構成歷史，社會行動者也會運用各種策略在這些客觀關係中遊走，並產生許多突破結構限制的偶然性。更明確的說，策略就是從時間性中所產生的，時間在社會生活中不只是一種物理變數，只要代入某種函數就會產生某種結果，這是一種系統性的思維。在布爾迪厄的觀念下，時間本身就是一種可在特定遊戲中被投入的資本，等待或延緩在不同的社會意義下具有不同的效果，如同本文所提到的卡拜爾人的禮物交換行為，權力宰制便從回禮的時間間距裡展現出來。簡單而言，筆者認為不應從理論一致性的標準來評論布爾迪厄，而應從他具體的經驗研究中，評估布爾迪厄是否的確達到他的目的，即突破主客觀二元對立，說明社會行動者的行為意義，同時又有揭露象徵暴力作用的效果。

在以上說明傅柯和布爾迪厄的知識——權力觀之後，以下筆者將傅柯和布爾迪厄的論述相互對話，布爾迪厄對傅柯

的觀點有所增補，也有所解構，傅柯對布爾迪厄亦然。以下主要探討兩個議題，第一是權力與反抗，第二是認識論與反思性。

註釋

1 認識型（episteme）和認識論（epistemology）有所不同，認識論是研究經驗知識的問題，找出經驗知識遵循何種規則和知識的特定秩序，認識論是在主體——客體的能動性內被探討。認識型則先於認識論而存在，認識論的反思形式和經驗知識一樣，是由「歷史先驗」（historical a prior）的「論述形構」（discursive formation）決定的。關於「歷史先驗」和「論述形構」隨後會做說明。Mcnay, p. 49。

2 知識在英文是knowledge，但在法文中有兩個單字表示「知識」，Savoir和Connaissance，傅柯對這兩者的使用有別，Connaissance則是指「主客體的關係，以及統攝這種主客體關係的形式規則」，諸如醫學、法學、精神病學等「學科」（discipline）的知識，而Savoir是不限於科學的知識，它是在各種論述、理論下的深層框架，並且它會在不同的時期構成Connaissance存在的必要條件，因此不同的Connaissance也可能屬於同一種Savoir。所謂Knowledge／Power的知識，以及認識型（episteme）指的就是Savoir。見Hacking, pp. 30-1; May, p. 28。

3 在本文中，representation基本上皆譯為「再現」，但在傅柯《詞與物》的中譯本中，representation譯為「表象」，筆者認為在《詞與物》中，將其譯為「表象」較「再現」更為適當，因此representation在本文中譯文有不一致之處，主要在敘述傅柯的《詞與物》這一部分。

4 傅柯指明論述形構的門檻有幾種類型：一個論述運作成就其單獨性

及自主性的時刻，一個聲明形構的單一系統被付諸實踐的時刻，或

這一系統被轉化的時刻，可以被稱作「實證性門檻」（threshold of

positivity）。當處於一論述形構的實踐中時，一「聲明」的組合被清

晰表達，並付之以連貫和真確的實在標準，論述形構就跨越了「認

識論化門檻」（threshold of epistemologization）。當被勾勒出來的認知

形象依循許多形式準繩，當它的聲明不只與考古學式的形構規則吻

合，並與命題的建構所依據的某些法則相配合時，則是通過「科學

性門檻」（threshold of scientificity）。當此一科學性話語能夠定義聲明

所必要的準則、它運用的元素、它所認可的命題結構，而能將自己

當作一個起點，布置它所構築成的形式架構時，則是跨越了「形式

化門檻」（threshold of formalization）。（AK: 329-30）

5 這裡所指涉的discipline，同時兼有學科和規訓之意，但在文中不同

處會側重不同意涵。Discipline 源自印歐字根，古拉丁文disciplina 本

身已兼有知識（知識體系）及權力（孩童紀律、軍紀）之意。關於

Discipline 一詞在各時期的意涵，參見Shumway, David R. & Messer-

Davidow, Ellen. 《學科規訓制度導論》，於 Wallerstein, 1999, pp. 12-

34 。

6 傅柯說到：「考古學也揭露了論述形構和非論述領域（制度、政治

事件、經濟運作及過程）間的關係。……讓我們以臨床醫學做爲例

子。它在十八世紀末建立之際，是很多政治事件、經濟現象以及制度轉變同時發生的。……一個因果式的分析會試著去發現政治變動或經濟轉變會影響科學家的意識到什麼樣的程度——亦即他們興趣的水平及方向、他們的價值系統、他們感受事物的方式、他們理性思維的風格。……考古學將分析放在另一層次。……至於因果關係，它們也許只存在上下文或條件的層次，而其效果只及於論述的主體。……考古學不僅想要去顯示政治運作如何決定醫學論述的意義與形式，而且要去顯示政治運作如何以及用何種形式參與醫學話語的出現、嵌入，及功用的條件。」從這段文字可以看出，中性地「描述」論述實踐的旨趣和因果性「解釋」在其中是有衝突的。（AK: 294-6）

7 許多學者認為傅柯從考古學轉向系譜學，其中主要因素是回應法國五月事件的失敗。見Apperley, p. 18。

8 Dreyfus和Rabinow認為，傅柯整個七〇年代著述的蓓蕾，皆起源於《尼采，系譜學，歷史》。Dreyfus & Rabinow, p. 139。May認為此篇論文是系譜學方法論的主要來源。May, p. 72。

9 Identity有同一、認同、身分等多種意涵，這裡的identity譯為同一性，主要有兩個指涉，一個是指歷史的同一性，即歷史的終極意義和客觀性，另一個是指人的同一性，即每個人的身體被偶然事件、權力宰制關係塑造，這個過程同時在知識上產生出特定的身體觀，

使每個人以這種身體觀看待自己,這種人的同一性決定了他們的各種生活習慣和文化風格。

10 此書法文爲 "Surveiller et punir",Surveiller 的譯名是「監視」,但此概念不符合傅柯的原意,英譯本根據傅柯的建議,譯爲 "Discipline and punish",而 Discipline 一般中文譯爲「規訓」。見《規訓與懲罰》中譯本説明,頁1。

11 最少原則是指,若使人們認爲犯罪是弊大於利的事情,人們就不會想犯罪。充分想像原則指出,讓罪犯感到痛苦的不是肉體痛苦的感覺,而是痛苦的觀念,只要讓人們記憶或想像到肉刑的痛苦,就能防止人民犯罪。單方面效果原則是指刑罰應該要對沒有犯罪的人造成最強烈的效果,因爲只要把刑罰濃縮成一個觀念就能嚇阻人民犯罪,這是經濟的手段,也是對肉體不殘酷的手段。絕對確定原則是,要使人們在犯罪的好處和懲罰的後果之間建立最牢不可破的連結,如此人民才會畏懼法律而不敢犯罪。共同眞理原則是一條具有重大改革意義的準則,在舊時代宣判罪犯的罪刑不需要明確的證據,只需要製造鐵證如山的氣氛就可宣判罪名,如此容易造成冤案,因此以充分的證據並依照普遍適用的方式來確定罪行,便成爲最重要的改革任務。如此人民會相信法律是公正的、具有普遍性的,才甘於臣服法律和懲罰。詳盡規定原則是指,所有的非法活動種類和懲罰方式都必須在一部法典内明確界定,雖然相同的懲罰方

式對不同的人有不同效果，如罰鍰對窮人與富人的過阻效果就不相同，但詳盡規定原則可以用一套嚴密的法律之網有效的管理社會。見DP, pp. 91-5.

12 "panopticism" 一詞是傅柯根據邊沁的 "panopticon"（全景敞視建築）所創，全景敞視建築的構造是一個環形建築，中心是一座瞭望塔，環境建築內部被分成許多小囚室，每個囚室的窗戶都面對中心的瞭望塔。由於窗戶的特殊設計和逆光效果，在中心瞭望塔的監督者可以監視囚犯，而囚犯無法看見監督者。邊沁認為這種建築可以廣泛應用，促進監獄改革。見DP, p. 199。

13 傅柯後來在「肉慾的告白」中所創的 "dispositif"（英文常譯為 apparatus, Dreyfus 和 Rabinow 譯為 "grid of intelligibility"，中文譯為「設置」）概念，用來說明知識、權力和身體的關係。「設置」和認識型不同，因為它既包含論述實踐也包含非論述實踐，包括「論述、制度、建築安排、條例、法律、行政措施、科學陳述、哲學命題、道德、慈善等」。這些看似不相干的成分是一組鬆散的關係，但它們的融合可以構成使特定的知識逐漸浮現，並創造這種知識實踐的歷史性條件。德勒茲認為 "dispositif" 是三個維度構成的：知識、權力和主體，而這三個維度相互影響，它們自己也是可變化的，其中主體這個維度是主體化過程，它於社會體制內在知識和權力的作用下被生產。傅柯舉的一個案例有助於瞭解這個複雜的

概念：佛洛依德在夏科（Charcot）的醫院裡求學，夏科在對性慾進行實驗，對象是一群歇斯底里的婦女。夏科讓這些婦女服下一種刺激藥物，使得這些婦女可以在醫生面前任意發洩、敘述她們的幻想。在這一套程序中，夏科尋求的是行為背後的客觀原因，而佛洛依德卻發現另一個面向，即要理解行為者的隱藏目的就一定要經過「詮釋」，因而後來才有「夢的詮釋」（The Interpretation of Dreams）的問世。傅柯把這個過程更推進一步，他關注的是醫院裡被治療者的表演行為、醫院的實踐組織，以及在這一系列實踐和歷史條件下所產生的可知性（intelligibility），傅柯將之稱為「性慾的設置」（dispositif de sexualité）。見Foucault, 1980, pp. 194, 218; Dreyfus & Rabinow, pp. 157-9; Deleuze, 2001, pp. 197-205。

14 在1874年，康德在柏林報紙上發表〈何謂啓蒙？〉一文，指出啓蒙就是通過使用理性而獲取成熟性（maturity）。傅柯發表的〈何謂啓蒙？〉則認為人還沒有進入康德所說的成熟期（mature adulthood）。傅柯的立場引起哈伯瑪斯的批評，他們兩人關於「成熟」問題的爭論，Dreyfus和Rabinow有專文評論。見Foucault（1997）; Dreyfus & Rabinow, 1982/1992, pp. 347-362.

15 此段關於傅柯的倫理學敘述，皆引自Smart，《論傅柯著作中的性、倫理和政治主題》。

16 傅柯發表〈主體與權力〉的時間在〈知識份子與權力〉的對話錄之

後，本文將〈主體與權力〉一文放在前面先行敘述，主要原因是〈主體與權力〉一文是傅柯晚年對一些關鍵問題的回顧（不過這些不是他最後的全部立場），並且傅柯對自己的研究在此篇文章有比較具體明確的定位，許多重要概念也做了較其他文章詳盡的說明，筆者需先行處理，因此筆者不是要將這兩篇文章作觀念上的連結，而是各自從這兩篇文章鋪陳出關於「抵抗」的問題。另外，這兩篇文章的權力觀亦有所衝突，在筆者處理其他學者對傅柯批評的部分，再行敘述。

17 例如，傅柯批判了馬克思的權力觀，他認為馬克思主義將所有的權力運作都歸於生產模式和宰制階級（布爾喬亞階級）這兩者的剝削機制，而沒有指出哪些動因（agents）促使權力機制運作。見 Foucault, 1976, pp. 234-6。

18 傅柯在〈知識份子與權力〉亦提出類似的思考方式，他認為我們很難找出誰在施展權力，但我們卻比較容易找出誰缺乏權力。Foucault, 1977b, p. 213。

19 個體化的意思是國家會照顧社會上所有個體的利益，沒有人可以例外。實際意涵是說，社會上每一個個體的存在價值，現代國家都將之納入詳細的計算當中。見姚人多，2000b，頁111。

20 此段採用姚人多的譯文，見姚人多，2000b，頁119。

21 傅柯把權力關係和溝通關係作區隔，主要是在此批評哈伯瑪斯的觀

點，傅柯認為哈伯瑪斯區分支配、溝通和最終行動，不是將它們看成三個不同領域，而是三個「先驗物」(transcendentals)。見SP, p. 279。

22 從德勒茲以此定義評論傅柯的權力觀可以得知，此一權力定義的重要性更甚於傅柯其他部分對權力的描述。見Deleuze, 1986, p. 139-67。此段權力定義的譯文見姚人多，2000b，頁125。

23 傅柯的《I, Pierre, Slaughtered my mother, sister……》，即是整理一個殺害自己母親和姊妹的少年殺人犯的自白，凸顯出「罪犯」自己的聲音，它呈現的不是司法和政治對罪犯的詮釋，而是由罪犯來呈現自己。 見Foucault, 1982, (*I, Pierre Riviere, having slaughtered my mother, my sister, and my brother-- : a case of parricide in the 19th century*). University of Nebraska Press.

24 傅柯在《性史》中表達類似的觀點，他認為權力以法律的形式構成慾望並導致慾望的缺乏，這種權力的表現方式不侷限於性的論述，它完全滲透了西方的政治思想和歷史。見Sheridan, p. 232。

25 傅柯坦承，他的系譜學已經是冒著「再體系化」(re-codification)、「再殖民化」(re-colonisation) 的危險進行。見Foucault, 1976.

26 許多學者也為傅柯辯護到，他的目標是創立權力的分析，而非權力的理論。系譜學是各種方法論的策略，而非系譜學計畫 (genealogical project)。見Sheridan, p. 232; Apperley, p. 25。

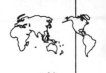

27 參見Rorty, 1989; Rorty, 1979. 筆者批評Rorty 的部分，是根據Wolin 和Robbins 對Rorty 的批評，見Wolin, 1992, pp. 221-45; Robbins, pp. 61-80. Rorty 於1994 年的《紐約時報》專欄上，刊登了一篇〈不愛國的學術界〉一文，Rorty 認為「美國學術界左派的麻煩是，它不愛國，它以『差異政治』的名義，不肯讚賞自己所居住的國家」，「為了純粹意識形態的利益，或者出於盡可能保持憤怒姿態的需要，如果左派堅持『差異政治』的話，那麼它就會越來越孤立、無效。一種不愛國的左派是一事無成的……」。Robbins 從這篇文章，批評Rorty 思想中蘊涵的自由主義的種族中心主義。

28 基於布爾迪厄對政治、社會、經濟、文化、歷史等領域分割的批判，以下布爾迪厄所指涉的「社會」一詞就不能以國家——社會對立的脈絡下來看待，而是具有歷史性的社會，是個人和集體所生存的多向度空間，傳統的政治領域、文化領域、經濟領域等也都被包含在內。

29 一般而言，"agent" 和"actor" 皆是「行動者」之意，但agent 主要是相對於structure，而actor 相對於system。Agent 比actor 更強調個人的主動性，actor 是在system 之下原子式的個人。布爾迪厄聲稱他是一個結構的建構主義者或建構的結構主義者，在文中他也通常使用agent，而非actor。

30 許多中譯書將habitus 譯為「慣習」，以上高宣揚對habitus 的闡述是

親自和布爾迪厄反覆交換心得的結果，因此本文採取高宣揚的譯文：〈生存心態〉。見高宣揚，2002，PP. vii-x。

31 例如布爾迪厄在阿爾及利亞人的婚姻策略研究指出，當地官方所宣揚的婚姻價值是「同輩親戚」的婚姻，其他類型的婚姻結合是被貶抑的，但這種婚姻結合方式在社會上並沒有被普遍實踐，而許多條件較差而找不到伴侶的男人，就會尋求同輩親戚作為結婚對象，雖然表面上這種婚姻結合是符合官方價值，但只是這些男人利用了這種官方價值讓自己覓得結婚對象，而社會對於這種「同輩親戚」婚姻的價值，並不非常支持，甚至認為是一種恥辱，因此那些尋求同輩親戚作為結婚對象的男人，是自己隱藏恥辱，但在表面上讓自己的婚姻符合官方價值，社會對這種情形也處於心照不宣的態度。見Bourdieu, 1998b, pp. 88-9; Bourdieu, 1977, pp. 30-2.

32 布爾迪厄在各著作中所使用的代理人一詞，包括procuration、delegation、representation等，但指涉的意涵基本相同，故以下會提到的delegation，也是相同意義。

33 括號內為筆者所加。

34 見Bourdieu, 1992, pp. 220-5.這裡的譯文是引用中文翻譯本，筆者根據英文版略微更動，以使前後文的關鍵字一致，如將誤識改為誤認，「支配」改為「宰制」（domination），「紀律」改為「規訓」（discipline），「合謀」改為「共謀」（complicity）。

35 Bourdieu, 1992, p. 54. 粗體字爲Wacquant在此段引言中所加。另外，
筆者參酌英文版，修改部分中譯本語句和詞彙。

36 布爾迪厄在《實踐理論大綱》中，詳盡分析了土地農作的勞動週
期、社會價值傾向、語言的表達方式，以及其他社會實踐，和時間
曆法有哪些相關性。見Bourdieu, 1977, pp. 96-158。

37 布爾迪厄引用卡夫卡的《審判》，其中的主角K先生，莫名其妙被
入罪，K先生在尋求解救方法的過程中，他必須等待律師撥出時間
爲他分析如何贏得官司，而K先生和律師又必須等待法官……。在
整個歷程，K先生一直在等待一種莫名的、即將來臨的審判，或是
說審判的恐懼感一直在逼近K先生。布爾迪厄巧妙的將這種等待審
判的情境，對比到社會中的個人，其所面臨各種莫名的權力宰制。
見Bourdieu, 2000, p. 227-40。

38 布爾迪厄表明，社會學家所面臨的問題範疇，經常是某種被國家強
加的產物，或者是很容易被分配物質資助和象徵認可的問題，每當
社會學家將這些問題當成研究對象，他就會繼續完成這種強加活
動，使這些問題被理所當然地視爲科學的社會問題。布爾迪厄說
到：「研究各種『社會問題』的社會學，像研究家庭、離異、犯
罪、毒品、女性勞動力市場歧視的社會學。這些例子裡，我們都會
發現，在日常的實證主義看來理所當然的問題，都是些社會的產
物，體現在社會現實建構的集體性工作裡，並通過這種集體性工作

維持下去。在這樣的集體性工作下，通過各種各樣的會議、委員會、協會、聯盟，通過各種形式的秘密會議、集體運動、示威遊行、請願簽名，通過形形色色的要求、商議、投票表決，通過名目繁多的項目、方案、決議等，不管是什麼，都使得原先是，也原本可以繼續保持下去的私人性的、特殊的、獨有的問題，轉變成某種社會問題，亦即某種可以公開討論的公眾話題（想想墮胎問題或同性戀問題最後變成了什麼），甚至變成了某種官方的正規問題，成了官方決策、政令及法規的討論對象」。見Bourdieu, 1992, p. 363.

39 在《國家菁英》中，布爾迪厄即運用建構出關係的方法，描繪出貴族學校如何再生產出國家和社會菁英，而一般平民或下層階級，難以參與上層的社會流動。見Bourdieu, 1992, pp. 351-71; Bourdieu, 1996.

40 在"An Invitation to Reflexive Sociology"的中譯本裡，"participant objectivation"譯為「參與性對象化」，邱天助在《布爾迪厄文化再製理論》中將之譯為「參與的客觀化」，筆者則認為譯為「參與性客觀化」較為適當。見Bourdieu, 1992, p. 380; Bourdieu, 1991, pp. 57-68 ；邱天助，2002：頁97。

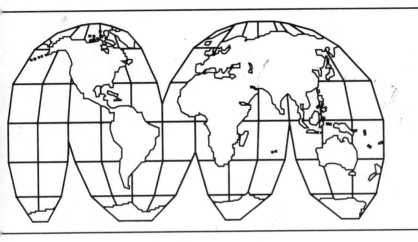

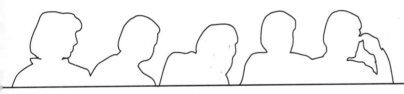

·第四章·

權力、認識論與客觀知識

4

維根斯坦給我們的最大啓示就是：要改變世界，就必須先改變自己。

—— Kolakowski

 第一節　傅柯和布爾迪厄的對話

一、權力與抵抗

傅柯從權力／知識談到了權力的抵抗問題，因爲知識的灌輸過程涉及個體的主體化和客體化，其涉及到個體對權力／知識的侵入所產生的內化和抵抗。在傅柯這裡，個體的抵抗是去抗拒作爲他者的權力／知識，或是抗拒作爲他者的、被權力銘刻的歷史。然而從布爾迪厄所談的象徵暴力的共謀，可以進一步找出抵抗的複雜性，因爲個體不僅被象徵暴力所宰制，同時也是象徵暴力的共謀者，因此，抵抗的對象不僅是他者，還包括自我。這裡所要討論的就是在權力 —— 抵抗過程中，抵抗他者和自我的複雜辯證關係。在討論此問

題前，必須先談及一個關鍵問題，即權力／知識空間的切割方式。

傅柯認為權力和知識互為條件關係，亦即權力運作需要伴隨知識的灌輸，而知識生產需要以權力作為運作工具。傅柯從考古學到系譜學，將知識的內涵從文字語言延展到制度和各種微觀政治機構，如監獄、醫院、學校等，傅柯指出從這些微觀政治領域來看，可以見到知識與權力如何緊密結合並相互支持。除了這些微觀政治空間外，國家統治機構並未被傅柯所忽略，這些所有的權力運作及其蘊涵的知識作用，傅柯稱之為「統管性」（governmentality），這種統管性便構築出知識、權力和主體相互作用的空間。布爾迪厄則以另一種方式構築權力／知識空間[1]，他以場域、稟性、生存心態這些概念去切割社會空間，但他不是「切割」出不同的場合，而是如本文前面所強調的，是以拓樸學的方式關注社會空間。因此，學校這個場所顯現的是複雜的文化場域、學術場域、經濟場域等的重疊與交互作用，也就是說，從布爾迪厄的角度去關注學校，我們可以看見的是學生的（或其家庭的）經濟資本，以及其占據的社會位置所具有的文化資本，教師掌有的學術資本和文化資本，以及特定學校在社會中所占有的特定資本（包括董事長、校長的地位聲望及他們和其

他場域的連結、招收那些特定族群的學生等）等，同一個教師或學生，會投入不同的場域邏輯和利益，而使多面向的場域邏輯在其身上同時作用，因此教師與學生的權力關係便更為複雜，而傅柯所看到的權力關係，是單面向的壓制──反抗或壓制──服從邏輯。

　　從傅柯和布爾迪厄兩人對社會空間不同的看待方式來看，傅柯會認為被權力馴服的身體是柔順的，在日常生活中被不知不覺的建構為一個主體，或被權力機制當作一個客體加以關注。然而對布爾迪厄而言，學校之所以能持續產生權力／知識的作用，不僅在於權力對個體的巧妙馴服，還有賴於被施加權力者的共謀。布爾迪厄指出被權力宰制者並非總是被宰制，他們也可以看出權力機制對他們的有利之處，並進而持續實踐這種機制而有利於己。傅柯和布爾迪厄之所以在這方面有所相異，其中的重點之一在於社會空間的關注方式不同，布爾迪厄的分析方式讓他看出個體不是在權力的宰制和反抗之間生活著，因為個體所身處的社會空間不是單維度的空間，個體（或行動者）在不同的社會維度（文化場域、經濟場域等）同時占據各種形式的資本，因而可藉由不同機遇將各種資本相互轉化，更甚者，個體會利用權力或象徵暴力讓自己握有更多的資本，占據更高的社會位置。即使

人們不一定知道他們利用了權力宰制關係，但人們的行為是根據投入遊戲中的遊戲感，因此即便是無意識的、偶然的行為，也並不導致他們去破壞既有的權力結構。傅柯和布爾迪厄都要在歷史中，找出權力在身體上銘刻的痕跡，並進而抵抗之、遺忘之，只是從布爾迪厄的眼睛可以看出，那些在身體上銘刻知識的人，不只是那些握有權力的人，還包括那些被宰制的人們自己，他們相互用巧妙的方式宰制對方，使自己處於更有利的位置，從這點看來，布爾迪厄比傅柯更像尼采。

雖然布爾迪厄可以指出傅柯在權力／知識分析上的弱點，但另一方面布爾迪厄又可以對傅柯權力／知識的內涵予以解構和重新串連。傅柯在《詞與物》中提出了「認識型」概念，說明人們在不同時期，所能說出的事物和相關知識會被特定的認識型予以規限；在《知識考古學》中，傅柯區分出論述形構和非論述領域，非論述領域包含制度、政治事件、經濟運作等，論述形構則由聲明系統和檔案組成，傅柯認為論述形構影響非論述領域，並由非論述領域的實踐鞏固論述形構；論述形構與非論述領域的區分在系譜學時期又被取消，他進而提出探究知識、權力與身體三者關係的系譜學。從布爾迪厄的象徵性概念，以及從他關注社會空間的方

式所看到的權力關係，可以重組傅柯對權力／知識生產機制
的描述。

　　象徵性的存在，是習慣和規約被內化的結果，許多規範
和禁忌經過日常生活的實踐而成為自然化的歷史，它成為
「歷史的先驗性」（historical transcendental），這和傅柯在《詞
與物》的「認識型」（episteme）特質，以及《知識考古學》
中的「歷史先驗性」（historical prior）概念是相呼應的。象徵
性不是想像的產物，而是經過對客觀事物的操作和詮釋所產
生出來的，它也不是由契約式的談判或對話而產生出來的共
識，因為每個人在社會空間中占有不對等的位置，故它是經
由某部分占有特定資本的人們運作出來，並進一步被特定場
域實踐出來的結果。組成論述形構的聲明和檔案系統，是已
經帶有象徵暴力的結構，傅柯所說「聲明」的稀有性，具有
排除其他論述的性質，它就是象徵性的特質。象徵性不是抽
象的原則或看不見的疆界，它本身就存在於我們看的見的事
物中，包括語句、姿態、制度、機構等（例如士兵行軍的姿
態、老師吩咐學生的話、醫生囑咐病人吃藥等），這些層面
所運作出來的效果原本可能不蘊涵排他性或絕對命令，也就
是不蘊涵象徵性的效果，但它們具有象徵性，一方面是因為
人們的「誤認」，也就是人們以為這些語句、姿態、制度、

機構等對他們有利益，或以爲必須理所當然的服從，另一方面是許多人的確意識到象徵性的存在，進而利用象徵性使自己處於有利位置，從而鞏固象徵性的存在。象徵性說明人們爲何接受現存的知識和權力運作，這個運作機制是傅柯在《詞與物》、《知識考古學》中較爲缺乏的部分，在《規訓與懲罰》中，傅柯也未說明士兵爲何接受長官的命令規訓、學生爲何服從老師、病人爲何聽從醫生、個體爲何馴服於權力，從以上所說象徵性和「誤認」的作用來看，便可以更爲瞭解其中的運作機制。

從《知識考古學》到《尼采，歷史，系譜學》等著作，權力都是傅柯所關注的對象，傅柯和布爾迪厄一樣，都強調權力的「關係」，而非權力本身，因爲它無法自己獨立成一個現象，權力不是某種可以被明確掌握之物，而是在不同的關係中流動，但有一個重點在於，傅柯所認定的權力關係，是永恆的較量（agonism）或挑釁，雖然傅柯強調它蘊涵策略的使用，權力關係不是類似主奴關係那種純粹的宰制關係，或是兩敗俱傷的戰鬥，但整個權力關係的基調是壓制──反抗的鬥爭性質，而知識生產過程就是壓制──反抗的過程、是「統管性」將個體主體化的過程。但和布爾迪厄相較，傅柯所表現出的缺陷有二，第一是壓制──反抗關係中，反抗

是居於弱勢的，在《規訓與懲罰》中，反抗反而會強化權力的作用，它成爲權力運作中的陪襯（這表現在君王藉由公開展示酷刑以強調權力的無所不在），而在倫理學轉向裡，傅柯將政治性的反抗轉爲倫理性的自我關照。再者傅柯對那種總體性反抗保持一定的距離，這主要表現在他強調特殊型知識份子在各種領域的抵抗，而拒絕普世知識份子對世界總體性（totality）的詮釋和批判（因爲它會反過來製造壓迫）。布爾迪厄的象徵暴力並非一種總體性概念，但它拓鑿了權力關係的深度，也就是說象徵暴力的概念展現出權力關係在不同場域的變化多端，又顯現權力關係的主要特徵，因此，布爾迪厄免於總體性理論的獨斷性，又可以站在一個較爲明確的利基點對權力／知識進行反抗。

傅柯的第二個缺陷是反抗的作用，即個體拒絕被主體化和客觀化，因此它是被宰制者和宰制者之間的對抗關係，但從布爾迪厄的象徵性來看，知識生產中的權力關係就不純然是這種策略鬥爭關係，在權力／知識的運作和鞏固過程中，一方面存在共謀關係的作用，因此在某些權力作用之處不一定會出現反抗，反而是迎合；另一方面被權力／知識所宰制的人，由於象徵性可以讓人無法自覺權力的存在，故它超越了語言的界線，除了論述之外，象徵性還存在於心照不宣的

社會活動中（如卡拜爾人的婚姻策略，或其他既得利益者的行爲等），因此權力不一定會產生反抗。用傅柯的眼睛去看學校的活動，他看見的是老師與學生的權力關係，而布爾迪厄看見的是站在文化場域、學術場域、經濟場域等的老師，以及站在經濟場域、學術場域、社會場域等的學生，兩者所交織出更複雜的鬥爭、臣服和共謀等關係的空間。

現在接續以上的討論，探討在權力──抵抗關係中，抵抗自我和他者的辯證性。布爾迪厄指出了權力／知識關係中隱藏的共謀關係，亦即被宰制者也有一部分宰制者的角色，例如他對學術圈作爲「被宰制的宰制者」的定位，或是卡拜爾人的婚姻策略中，男性對不平等的婚姻關係的利用，都可以看見這種複雜的宰制與被宰制的相互關係。傅柯的架構裡，較爲缺乏這種辯證性，筆者在討論傅柯的部分指出，傅柯提出的分析工具，無法提供我們應用的立基點，也就是我們無法確定可以在哪裡使用這個分析工具，因爲我們沒有一個判準去找尋權力的壓迫與反抗關係。布爾迪厄同樣強調抵抗的必要性，因爲象徵暴力構築出深刻的不平等結構在人們身上，但他不是從反抗之處尋找權力（或象徵暴力），他在最沈默的地方尋找權力。

　　面對權力之所以沈默，有兩類因素，一類是被權力宰制的人同時利用此權力關係宰制他人，另一類是象徵暴力自然化了不平等結構，使之具有歷史先驗性，讓人們持續以特定的語言、姿態和行為鞏固象徵暴力而不自知。就後者而言，傅柯認為我們可以從有反抗的地方尋找權力，但象徵暴力具有將權力／知識恆常化的特性，人們容易身在其中而不自知，如果從反抗之處尋找權力，可以找到一部分的權力運作，而在沈默之處的權力關係，必須透過特定場域中的利益邏輯、資本轉換等方面的經驗研究，才有可能挖掘出來。就前者而言，很顯然的，如果我們要抵抗權力／知識的作用，就不僅要抵抗作為他者的歷史和知識，也必須抵抗作為象徵暴力共謀者的自我。兩者因素實是一體兩面，「我」同時是被宰制者，又是鞏固權力結構甚或宰制他者的個體，而這種使人同時是宰制者又是權力關係共謀的結構，經由日常生活的無意識實踐和有意識的策略，被恆常化和自然化，因此，抵抗自我和抵抗他者更顯得是難以割捨的關係。

　　傅柯的抵抗，包括個體對主體化的抵抗、知識份子在小團體中對真理宰制的抵抗、倫理學的自我關照等，都將權力的宰制關係和被銘刻權力的歷史視為絕對的他者，忽略了布爾迪厄所發現的被宰制者的共謀性，權力不只是一個外在的

侵入者，它也在自我之中，要抵抗作爲權力的他者，無法避免抵抗自我。但是雖然布爾迪厄進一步深化權力／知識與抵抗的關係，同時也將抵抗推到更難以實踐的地步，如果傅柯所說的抵抗不能有效抵抗權力，甚至是繼續再生產權力結構，那麼布爾迪厄能提出什麼更有效的抵抗方式？我們必須注意的是，他們兩人的抵抗不是要整個消解權力關係，因爲權力關係不可能消解，而且知識必須依賴權力才能傳播，重點在於如何反抗或瓦解加諸在我們身上的不平等暴力，如何獲得將自我和他者維持平等而又不需消滅差異性的知識。以下進一步討論認識論和反思性的問題，從以下的討論中，要探討的是，是否存在一種帶有倫理性和政治性的反思認識論，可以超脫權力關係的漩渦（這種權力關係既加諸在我們身上，我們又在其中鞏固它），認識我們自身的時代。

二、認識論與反思性

在討論傅柯的部分曾提到，Fraser 、Blanchot 等人認爲傅柯並未否定理性和認識論的作用，他只是將認識論問題予以擱置。布爾迪厄提出的反思社會學，主張我們可以從認識論的反思建構出實踐性的知識，既能挖掘出社會現象背後的

結構，又能同時抵抗加諸在知識上的象徵暴力，從而有讓行動者從象徵暴力解放出來的作用。這裡要討論的認識論，不是侷限在方法論意義的認識論，而是包含政治性和倫理性意義的一種知識實踐。在此脈絡下可以發現，傅柯並未完全擱置認識論問題，並且也可以找出傅柯和布爾迪厄在反思性的訴求上，有一定程度的契合點。

傅柯認為我們無法認識自身時代的歷史，布爾迪厄也承認瞭解自己歷史的困難性，因為我們使用的語言——包括其所承載的文化、偏見和政治，完全覆蓋在我們身上，故我們是在這個既看不見又無法超越的疆界裡面對話。傅柯和布爾迪厄所嘗試的不是要抓住外在世界的客觀真理，而是返回自身，在其中關照自我和他者的關係，這是反思性的精神，也是傅科倫理學關照自我的重要內涵。雖然反思性是布爾迪厄在社會學上的認識論訴求，但筆者認為必須強化其倫理性和政治性，並將範圍擴及更大範圍的社會行動者。因為一方面，若將反思性侷限在學院的活動中，容易落入菁英主義的弊病，以為學院以外的人不具反思能力；另一方面，反思性要求研究者和蘊涵象徵暴力的理論、概念斷絕關係，但僅僅侷限在學術領域實踐這種反思性並不足夠，依賴學術領域並不足以斬斷象徵暴力和日常生活的臍帶，象徵暴力在不同的

場域以不同形式的資本存在，在場域中的每一份子，都相當
程度的被宰制，也在相當程度上宰制他人。因此學術場域揭
露出隱藏在日常生活中的象徵暴力秘密，和象徵暴力是否從
社會中剔除是兩回事，故學院的認識論反思必須擴及每一個
個人。我們可以將象徵暴力和反思性訴求獲得的啟示，和傅
柯真理意志（will to truth）的立場相對照。傅柯指出追求真
理的意志和權力意志是分不開的，從這個觀點出發可以得
知，追求真理不可避免的目的是建構知識的極權政體，它會
進而構成政治隱喻，形塑各種型態的政治極權，這種政治極
權不一定是形諸於制度、機構、憲法的政體，而是存在於我
們心中掌控他者的慾望，也就是強加同一性在他者身上的慾
望。就布爾迪厄的立場而言，可以將象徵暴力的結構──包
括：其所形塑出的常識、習以為常的觀念、「客觀知識」，
視為一種權力／知識的政體（regime），即象徵暴力和知識的
相互揉合，構成一種真理和權力密不可分的政體。傅柯主張
以小團體自己的抵抗取代做為人民代言人的知識份子，將權
力／知識的力量減到最低，即防範權力對個體的主體化和客
體化。布爾迪厄的反思認識論，不只是從個體抵抗外在的權
力或象徵暴力的宰制，它同時是在怯除社會行動者或個體心
中的暴力，因此，布爾迪厄的反思認識論不僅是方法論層次

的主張，更是政治性和倫理性的訴求。

　　從這樣的角度再看傅柯的倫理學可以得出一項啓發，即傅柯提出的「自我關照」不一定是政治抵抗的撤退，自我關照不是一個逃避他者，只在封閉的自我世界中徘徊的知識實踐，而是重新豐富自我和他者之間的關係，因爲這種不斷的自我修養，「必須以對每個當下權力關係，與主題形構機制的系譜式掌握及批判爲起點」（林淑芬，2001：13）。反思性認識論和傅柯的倫理學，同樣是從外在世界眞理的追求，返回自我與他者的關係，筆者認爲，布爾迪厄所提的反思認識論是以學術場域爲範疇，若將範疇擴至整個社會空間，其中的倫理性和政治性的特質和力量才更能發揮，或者也可以換句話說，擴及整個社會的反思認識論，就是更傅柯化的知識實踐。所謂更傅柯化的知識實踐，是指更從微觀個體本身的視域審視自我與他者的關係，以及權力／知識在自身上的銘刻。相較而言，傅柯比布爾迪厄更強調那些個體「自己」的聲音，布爾迪厄較習慣從人類學家或社會學家的角度看個體，而他所強調的反思性侷限在社會學的學術場域，似乎預設了學術場域的社會學有足夠能力「治療」普羅大眾。傅柯把期望放在那些受壓迫的個體自己；布爾迪厄則希望以社會學的眼睛、政治的手段拯救受壓迫的人們，他同情那些被箝

制在象徵暴力結構中的群眾，又似乎認為只有社會學家和政府才有能力拯救他們。不過，在第三章筆者評論傅柯的部分曾提到，傅柯的倫理學反抗未能轉化為有效的政治反抗，因此，在相當程度他也需要布爾迪厄化。布爾迪厄強調不能忽視「現實政治」（realpolitik）的理性，即打破不平等結構的政治溝通和手段，傅柯的倫理學抵抗將政治個人化和美學化，布爾迪厄拒絕這種浪漫主義，他認為只有在政治手段上是可實踐的知識，才具有解放個人苦難的有效性，美學的政治只是一種學術上的慰藉。

　　現在來看認識論的有效性問題，即認識論能否具有超越自身歷史，獲得客觀知識的能力。傅柯在《詞與物》中指出，人是在三個二元對立的基礎中思考，而「人」亦是從這個基礎中被建構出來，因此又無法超越這些二元對立，這三個二元對立是先驗和經驗、我思和非思、本源的引退和復歸。這三個二元對立顯示出思考的困境，亦即人想要由「我思」探索出「非思」，但是所站的基礎就是「非思」，如同笛卡兒的焦慮一樣，我思和非思存在不可跨越的鴻溝。人總是想找尋自己的本源，但人既是構成本源本身的東西，而本源又總是逃逸人的抓取。簡單來說，人總是從自己已建構出的觀念和語言，去尋找從未被建構和未被說出的事物，而這兩

者之間存在不可逾越的鴻溝。如果要問認識論是否可以超越這個鴻溝，就要先問什麼是思考的起點。

　　從笛卡兒以降的西方哲學，思考的起點就是「我思」（cogito），它是作為尋找外在世界客觀性的起點，而我思必須以外在世界客觀性的存在為前提，當外在客觀性存在，我思才可能有思考的對象；而外在世界客觀性的存在亦以理性的我思為前提，理性的我思即是思考世界客觀性的基礎。尼采不僅反對客觀世界的存在，也不以我思和外在客觀性的關係作為思考的起點，他將非理性的創造力量置於思考的核心位置，並且以打破客觀性的虛妄為目的之一。傅柯從尼采的系譜學出發，找尋構成知識和思考主題的權力脈絡，並以自我關照的倫理學重建「人」的意義，這和尼采主張的「價值重估」亦有所呼應。從尼采到傅柯，皆著重生活實踐的知識，而非以我思和外在客觀性為基礎的知識。對於他們而言，生活實踐不需以客觀性為基礎，而是以自我和他者的關係為基礎，知識從自我與他者妥協、衝突等的實踐關係中偶然的塑造出來，被塑造出的知識又反過來形塑自我與他者的內涵。因此，傅柯所擱置的是以理性為中心的認識論，但在他的理論精神裡，蘊涵的是倫理性、實踐性的認識論，這種認識論不以獨立的我思為出發點，而是從自我與他者的關係

開展的認識論，它以維護自我與他者的差異性為導向，而非以世界的客觀性為導向，此即是傅柯系譜學和倫理學的重要內涵。那麼，傅柯蘊涵實踐性、倫理性的認識論是否能超越歷史，獲得客觀知識？筆者認為它仍然超越不了歷史，但是能不能超越歷史獲得客觀性，已經不是知識的核心價值，因為知識的意義重點在於能使自我和他者維持平等關係，不讓他者以真理之名宰制自我，或以永恆之名壓迫現在，傅柯的認識論即便不能獲得客觀真理，但在相當程度上，它可以克服真理意志的宰制性，這是理性中心主義的認識論所做不到的事情。

布爾迪厄主張的反思認識論背後，有許多帶有規範性的理論預設，包括場域、資本、生存心態等，但這並不妨礙其認識論的倫理性和實踐性，因為布爾迪厄提供了更細緻的系譜學工具，他從場域的空間觀指出社會複雜的權力結構，描繪出象徵性如何被權力銘刻在身體上，讓人們有意無意的實踐象徵暴力，將象徵暴力施加在於他人身上，也同時用來監控自身。但布爾迪厄也同樣認為知識無法超越自身的歷史，他表明只存在歷史的理性，沒有那種超越時空的知識存在，反思認識論的目的不是要獲得絕對客觀的知識，而是要揭露被象徵暴力掩蓋的社會結構，而這種社會結構的「客觀性」

是指涉實存的制約力量，它有兩個意涵。第一，這種客觀性力量是由稟性系統、生存心態等文化結構，牽引個人行動的導引力量，個體的行動不是完全任意性的偶然，不論這種行為是有意識的還是無意識的，都受到特定結構的制約。第二，某些天然性的存在即是客觀性，但這種客觀性被賦予各種詮釋而被自然化，例如膚色是分辨群體的明顯依據，膚色的差異是客觀存在的，但人們根據膚色差異而辨別不同民族或族群，則是被特定權力結構的詮釋所自然化的結果。布爾迪厄對客觀性所持的態度，並未指涉獨立於人之外的客觀世界存在，而是更清楚說明人如何根據各種表象建構理論和觀念，並且此基礎又反過來限制人的行動。以這個角度來看待傅柯所說人的困境，即來往於先驗與經驗、我思和非思、本源的隱退和復歸，便能有更清楚的瞭解。就此看來，布爾迪厄的反思認識論同樣沒有超越歷史獲得客觀知識的能力，但它具有反思自我與他者關係的能力，甚至可以更進一步，除了自我與他者的壓迫——反抗或壓迫——臣服的關係外，反思認識論更要去發現自我同時也是壓迫他者的他者，是象徵暴力和權力／知識運作機制的一個參與者，只有在揭露了這一層關係後，作為實踐生活和反省自我與他者關係的知識，才可能更為完整，即使這種知識無法主張自己超越歷史的客

觀性,但它可以揭露更多被理性中心主義認識論所掩蓋的現實。

反思認識論最具體且關鍵的核心議題,就是揭露各種看似客觀中立的範疇分類背後隱藏的象徵暴力,這也是在反抗外在權力壓迫之前,必須意識到的問題。現今最明顯的既定範疇莫過於國家、種族、性別等分類方式,反思認識論要做的是,指出研究者採用這些分類方式而生產出來的知識,會加劇這些分類方式背後所負載的權力結構,這些分類不是絕對客觀性的判準,而是特定權力結構所加諸的知識。這些難以看見的象徵暴力若不予以揭露,甚至反抗行動本身也會鞏固象徵暴力,因為人們仍會無意識的以國家、種族、性別等範疇作為敵我對立的判準,不論這些反抗行動如何劇烈,那些象徵暴力結構仍牢不可破,並持續製造衝突。

第二節　知識與生活

一、再看實證主義、後實證主義與後現代主義

　　大體而言，傅柯的知識立場較爲接近後現代主義的立場，布爾迪厄則和傅柯有所不同，他不能被歸入後現代陣營，也不是現代性的直接傳承。在以上的討論，筆者盡量不將他們兩人放在現代性——後現代性的座標裡談論，否則很容易將他們思想的複雜性簡化。本節所要討論的，是要回頭看實證主義、後實證主義和後現代主義，其知識主張對人們的生活有哪些意義。

　　關於實證主義的部分，後實證主義和後現代主義已對其認識論有諸多批判，在第二章第二節、第三節筆者皆有提及，這裡不再贅述。這裡筆者想強調的是，比照傅柯和布爾迪厄的思想可以看出，實證主義雖然在語言邏輯、演繹歸納等方法論層面，有比其他學派更爲嚴謹的要求和規範，但它最爲缺乏的是知識自省的能力。雖然在嚴謹的實證主義要求

下，理論系統中的各種概念環環相扣，各種概念亦被賦予清晰的定義，但這種知識只能在形式上自成體系，在邏輯體系之外的事物——包括這些概念如何歷史的形成、概念如何經過權力運作而成為不言自明的觀念、此種知識對人的生活產生何種作用等，實證主義均沒有處理問題的能力。例如卡納普發展的操作性定義，其依賴科學家們的主體間性或共識，解決觀察語言的主觀性問題，但將其運用在社會科學理論就會出現偏差，因為科學社群已存在特定的偏見，這種偏見並非有害於人的惡意，只是其蘊涵特定的種族、性別或階級意識，它隱藏在知識之中難以被察覺，如果將這種共識作為知識的最主要基礎，那麼這種知識只能一再說明現狀而有維護現狀的效果，但它難以造成什麼深刻的改變。

在實證主義的要求下，要挑戰特定的知識概念、理論或體系，是要以其它的理論體系去進行批判，或從其體系內部的邏輯矛盾著手，但這些理論汰換或更新的方式無法構成深刻的知識反思，而只是一種邏輯遊戲。對人的生活而言，知識的信仰只是生活的一部分，一種知識體系能否成為真理，是某些人的終極關懷，也可能只是某些人的語言遊戲，如果我們要讓知識不是束之高閣的華麗真理，而是能被生活實踐，並能改善生活的工具，那麼我們對知識進行系譜學式的

考察，找尋其背後各種的權力蹤跡，比起尋找理論內部的矛盾，或尋求其它理論體系以對抗特定理論體系，是使知識增長更為重要的方法，因為只有如此，我們才能瞭解那些我們習以為常的觀念或熟悉的知識，對我們的生活有什麼影響，它使哪些人受益，又使哪些人成為犧牲者，並從中找尋改善之道。

關於後實證主義的部分，從孔恩、費耶本、巴柏和拉卡托斯四人關於理性主義與歷史主義的辯論，以及現象學、詮釋學和批判理論來談。

在理性主義與歷史主義的辯論中，很明顯地，孔恩和費耶本兩人的立場和後現代主義是最為接近的，因為他們兩人對絕對理性皆予以強烈的批判，而孔恩和費耶本兩人之中，又屬費耶本更接近後現代主義，因為他的批判敏銳度更超越孔恩，因為費耶本的知識批判比孔恩更具政治性和倫理性。例如費耶本指出民主制度是制約科學獨斷性的最好政體；殖民母國將科學帶入殖民地，雖引進許多先進的醫療設備、文化觀念等，但同時也對其歷史和文明造成破壞。孔恩的目光主要聚集在科學社群這個特定的社會階層，費耶本則關注更大範圍的歷史和社會，後現代主義對科學的關注亦不僅止於

科學社群，而將批判指向其他與科學社群有諸多連結的範疇，例如科學的合法性問題（如李歐塔所探討的「大敘事」的基礎問題）、知識權力問題（如傅柯的系譜學）、文化與科學的衝突問題（如女性主義、後殖民主義等的知識論探討）等，因此雖然費耶本走的是英美的科學哲學，但後現代主義仍可從中找到許多理論和問題意識的資產。不過，雖然孔恩和費耶本皆強調理性沒有絕對的，只有歷史的理性，但他們和巴柏、拉卡托斯一樣，都很重視科學社群的共識，亦即在無法獲得客觀知識的情況下，科學社群的共識是我們可以暫時接受的知識。布爾迪厄卻指出以共識代替知識的危險性，他認為在看似中立客觀的認識論背後，必須警惕其中負載的種族中心主義。科學社群（這裡討論的主要仍以社會科學的科學社群為主，由於本文的範圍限制，自然科學盡量不帶入討論）的權威來自於科學家被社會認可的專業性，以及被科學社群接受的研究技術，但科學家探討外部世界所運用的認識論或研究方法，其背後必帶有特定的世界觀，而此特定的世界觀通常是以種族為中心，或者據許多女性主義者的批判，也是以男性觀點為中心，因此若我們過於依賴科學社群的共識，仍會有被特定群體的世界觀所壓迫的危險。相較而言，費耶本比其他人更意識到此一問題，他所提出的方法論

的多元主義即是要緩和科學社群的獨斷性，因此他所接受的科學社群的共識是多元理論或方法競爭狀態下的共識，而非拉卡托斯的「硬核」（hard core），或是巴柏經由否定論方法而不斷逼近的客觀知識。

　　現象學原來在胡賽爾那裡是欲尋求絕對自明的知識基礎，但經過海德格、沙特等人的發展，一種脫胎換骨的人道主義逐漸浮現，其不同於啟蒙理性的人道主義，啟蒙理性的人道主義，是人認為在科學理性的指導下，可以理解自然甚至征服自然，而海德格、沙特等人的人道主義，則是在人的生活反被科學理性宰制的情況下，帶有更深刻反思的人道主義，其要將既自信滿滿於科學又被科學理性壓迫的人，從歷史中挽救出來。海德格的反人道主義，是反對過去的人道主義沒有將人放在足夠高的地位，而沙特尋求人類自由的存在主義現象學，極力欲使人衝破所有桎梏的網羅。現象學之後的發展路線，充滿了人對自己偶然性以及面對死亡的焦慮感，現象學一方面展現出迥然不同於笛卡兒理性思考自我的反思風格，但另一方面又凸顯出人的渺小和脆弱，而沒有那種如笛卡兒一般，世界盡在我思中奔馳的自信氣魄。現象學之中所帶有的人道主義——反人道主義張力，深刻影響歐陸的哲學思潮，而歐陸的知識論和英美知識論（包括孔恩、費

耶本、拉卡托斯和巴柏等人）的相異風格，也在於前者蘊涵了人道主義——反人道主義的精神衝突。英美以分析哲學爲主的知識論，著重語言邏輯和外在世界能否符應，人本身的主觀性在符號邏輯的客觀性中被消融，但現象學所追問的知識，是以自我與他者之關係爲根本內涵的知識，自我在意向性和其與他者的關係下，無法被根本性地化約，而人在世界中的位置，以及自我和他者的關係，故理解外在世界的根本前提，不是符號邏輯，而是具有主觀意向性的語言行動。

被現象學影響後的詮釋學，也就是伽達瑪詮釋學，突破過去精神科學的分析理性，更具有創造人類團結性的倫理胸懷。但伽達瑪的視域融合理想有諸多的現實障礙，例如學院的視域界線會被其自身的利益邏輯所限制，這點布爾迪厄已說明的很清楚。即便布爾迪厄仍認爲可以通過認識論上的努力加以克服，但在現實生活經常出現的仍是那種只要自己有機會就會壓倒對方的情況，離那種平等的溝通交往、視域融合的理想狀態尚有一段距離，平等的視域融合仍脫離不了尼采所說的的權力意志的力量。但詮釋學在後現代思想或現代性陣營中仍扮演極爲重要的角色，吸納實用主義和後現代主義思想的羅蒂指出，從笛卡兒以降的西方哲學，都是將人類的團結性（solidarity）問題導向知識客觀性，認爲獲得知識

客觀性即象徵人類的團結，但這種邏輯應該扭轉，即我們應該尋求的是團結性，如此才有可能得到客觀性。而詮釋學即扮演溝通不同知識典範的重要角色，詮釋學不需要像認識論一樣，必須以知識的「可共量性」為前提，相反的，正是在知識不可共量的情況下，才需要以詮釋學方法進行對話。

　　批判理論原本在霍克海墨、阿多諾等人的帶領下，充分揭露出在現代工業社會中，意識形態宰制人類的各種形式，他們認為普遍性的知識必負載特定的意識形態，並隨之帶來總體性（totality）的壓迫，主張在知識上的不斷否定，以避免落入意識形態的壟斷性和總體性。但哈伯瑪斯展現出凌駕意識形態的自信，他認為透過理性溝通的方式，仍可以克服意識形態的籠罩。不過，從傅柯的角度來看，那種平等溝通的理想狀況根本幾乎不存在，哈伯瑪斯只是忽視了權力和意識形態在理性言說表象背後的作用。各種形式的衝突──性別對立、階級對立、族群對立等，不是只會以血淋淋的方式呈現在我們面前或電視螢幕裡，它們更多時候是隱藏在各種場域，不經詳盡的分析和揭露則難以識別，如法律的歧視、發言地位的不平等、媒體的扭曲、政府的污名化等，而「理性溝通」的形式只會將衝突隱藏起來，無法解決問題。

從實證主義到後實證主義、後現代主義，他們思考的範疇從能否獲得客觀知識，到重視人的平等交往溝通，或是自我與他者的臣服與壓迫，不是問題的轉移，而是對於知識對人類意義的不斷反思。問題不再是我們用何種方式才能獲得客觀知識，而是客觀知識會對不同地方的人帶來什麼影響，以及我們要如何讓知識給予所有的人更好的生活。但筆者認為，現象學、詮釋學、批判理論，以及後現代主義，雖然都指出客觀知識所帶來的壓迫和弊病，但他們都仍有面對現實生活問題的盲點，簡單來說，他們所提出的哲學思考仍是一種學院知識，而不是其他更具體的實踐。曼海姆的知識社會學是一個學院知識反省自身的重要契機，他有一個重要觀點，即「人只有在自身所處的階級位置發生變動的時候，才有可能改變自己的世界觀」。如此看來，我們會接受不同的看法（尤其對那些會影響自身利害的知識或觀念），不見得是獲得「客觀知識」或新觀念的結果，而是自己的處境不同時才有可能理解或接受這些觀念。如果只有改變我們自己，才有可能改變世界，而知識又無法改變自己，那麼「客觀知識」在鞏固現有權力結構的功能就要比改變世界的能力還要更大。但這不是知識或科學的原罪，我們不必非自己經歷像維根斯坦、尼采或馬克思等人的生命苦難，才能「認識」生

活的現實或接受他者的世界觀，但體會他人痛苦的能力至關
重要。一個人生活安樂不是一件理所當然的事情，一個人生
活困頓也不是理所當然的命運，沙特說：「一群人的利益是
建立在其他一群人的命運上」，整個世界充滿大大小小的不
平等結構，享有描述世界的特權者──學者或知識份子，有
責任讓生活安樂的人知道他們不是理所當然的生活著，他們
的幸福直接或間接的建基在他人的不幸上；也有責任讓不幸
的人知道，他們的不幸不是來自於無可挑戰的命運或客觀法
則，而是來自於不平等結構和某一群人的無形剝削。從傅柯
和布爾迪厄的生活中，我們可以看見，一個學者的確可以站
在有侷限性的學術場域裡，用文字解釋世界，又能用行動嘗
試改變世界。

二、生活、遊戲與知識

　　盧梭在《愛彌兒》中說到：「我們可以說是誕生過兩
次：一次是爲了存在，另一次是爲了生活⋯⋯。第二次誕
生，到了這個時候人才眞正地開始生活⋯⋯」。布爾迪厄的
一個重要貢獻，就是提醒我們社會科學家或所謂的知識份
子，不僅是探索人的存在問題的人，他們本身也是生活著的

人；另外，知識探索的不僅是在紙面上存在的人，更要解決具體個人的生活問題。隨著馬克思主義者和左派的消逝或學院化，這種憂患意識也逐漸淡去，因為左派知識份子的職業被國家保證而享有生活的優渥，已不再是生活著的人，而是知識理論中的存在者，沙特「小孩都餓死了，要哲學幹什麼？」的呼喊，如今成為知識的點綴格言。後現代主義喜歡取用維根斯坦的「語言遊戲」說明語言實踐和生活實踐的內涵，而「遊戲」一詞也不斷被許多後現代主義者用以比喻「生活」或「實踐」。相較於許多後現代主義者的遊戲人間，維根斯坦的生活不是那麼輕鬆，他的兩個哥哥，一個死於戰爭，另一個也因戰爭之故而自殺，他自己則自殺過一次但未成功，那些後現代主義者忘了在維根斯坦的「遊戲」中，有多少的沈重和痛苦在裡面。不可否認，後現代主義及其衍生的各種學派如女性主義、後殖民主義等，的確具有顛覆主流知識霸權的作用，他們為少數和弱勢者發聲，但有時候，許多生活苦難只是從原本被忽略，變成知識理論的化約物，理論——實踐的結合，或許只是生活實踐再一次的被理論化。理論與實踐的巨大鴻溝，在於學院的知識份子難以區分存在於知識與文字中的人，以及生活中的人。也由於這個巨大鴻溝，使得現實生活中的壓迫沒有因為語言、主體等這些深澀

的知識進展而有所減少。

　　實證主義的知識把生活變成字面的存在，後現代主義又有將字面的存在變成遊戲的傾向，具體的生活彷彿一直可以被知識說明、分類和詮釋，但它又在知識之外依照自己的邏輯運作——不論這個邏輯是殘酷的還是偶然的。社會科學若要結合理論與實踐，必須首先承認實踐與理論永遠不可能結合在一起，因為學者和學者要研究的對象，各自生活在不同的社會處境，學者面對的問題是如何準確解釋對象的生活，被研究的對象所面對的問題是如何逃逸或主導自己的生活，面對問題的處境不同，解決問題的方式也必然有所差異。所謂的理論——實踐，不如稱為理論——學術實踐，學術實踐是使學術知識和人們現實生活連結的手段，而非使自己說出的話和學術理論相符應的工具。傅柯和布爾迪厄蘊涵的認識論反思，即展現這種學術實踐的意義，我們可以從中得到的重要啟示，是學者不僅是觀看和評論研究對象的人，他們同時也被他人觀看和評論；學者創造出的知識，不僅是紙面上的概念遊戲，也必須是能解決研究對象問題的擘劃。更重要的是，學術實踐必須防止知識本身成為解放他人生活的障礙，例如學術女性主義除了學術研究外，必須真正有益於改善女性處境；自由主義經濟學除了找尋客觀經濟規律外，不

能忽略在世界上，有比那些符合正常經濟規律更多的人，仍苟活在飢餓邊緣。畢竟學術人面對的世界不是紙面上那種普遍性的個體，而是實在的、有千萬種差異個性和命運的人。

布爾迪厄不斷提醒到，有太多的生活實踐是被理論所影響，而人們又以爲這些生活實踐是被理論所「發現」，此謂之「理論效應」。在《巴斯卡的沈思》中，布爾迪厄語帶悲觀的說到，人無法完全透過自我承認自己，人必須被他者承認，而尋求他者的承認又是太多人類衝突的根源，「認同政治」即是一個典型現象。認同政治是當今後現代理論或文化研究中的重要議題，似乎從這些研究中可以看出「認同」對自我而言有多麼重要或根本，因此，尋求他者對自我的承認構成政治生活中的核心之一。或許從布爾迪厄的諄諄提醒，我們必須警惕除了認同對自我生活的重要性之外，自我的認同也有它虛無和暴力的一面，我們是否非要明確的認同不可？是否所有的人都需要被「正名」的認同？是否學院中所探討的認同問題其實並不構成大多數人生活的核心？並可以進一步追問：學術理論所說明的認同政治，是否眞是許多人們冀望的一種政治生活形態？認同政治是否在滿足研究者分類慾望之餘，又能緩和現實生活中的認同衝突？

　　布爾迪厄認為，社會學應是一門自療療人的科學，他並希望自己的學說能治療自己，也能治療其他人。或許可以這麼說，理論和實踐的鴻溝，正是自療和療人的差距，能以理論解釋現象，可以達到學者自療的效果，而能以學術實踐解除他人的痛苦，則是療人的效果。除了社會學之外，政治學、經濟學也必須是能自療療人、仁醫仁術的科學。在實證主義的影響下，作為科學的社會科學強調理論必須能解釋現狀、預測未來，否則它便不具科學的資格，但這種社會科學只能自療，而完全沒有療人的能力。社會科學不是一把冷酷的解剖刀，可以藉由剖開身體說明病痛在哪，就能解除病痛，實證主義者把社會科學當成那把解剖刀本身，而不是醫生自己，他們以為只要用這把解剖刀，所有問題都可迎刃而解。但只有具慈悲和憐憫心的醫生，才會把自己當成病患，理解病人的痛苦在哪，以任何可能的方式解除病人的痛苦。社會科學家如果堅持認識論或方法論的工具理性說明人的生活，摒棄同情他人的直觀能力，則社會科學家永遠無能於改變現狀，只能繼續用那些理論架構說明世界，而繼續鞏固世界中的不平等結構。

註釋

1 布爾迪厄並未使用或引用傅柯的權力／知識一詞，但二人在知識和權力兩者密切相關的態度上，看法相似，只是其中的論述方式、概念架構等各方面不盡相同，在布爾迪厄的部分，使用「象徵暴力／知識」比較適合，因爲布爾迪厄亦表示象徵暴力即權力。爲便於討論，筆者暫時在布爾迪厄的部分借用「權力／知識」，但須強調他並未直接使用這個詞彙。

2 布爾迪厄本身也不避諱使用「系譜學」一詞，即使他和傅柯使用不同的理論詞彙，但在揭露權力、知識與身體三者關係的立場上是一致的。

3 Soper 認爲，當代人道主義思想關注的基本問題，就是人類主體與世界的不可分離性，即盧卡奇所說的「主客體同一性」的問題。蘊涵此種人道主義思想的現象學即認爲，獨立於主體之外的知識觀念沒有任何意義，因此它拒斥實證主義的知識論，因爲實證主義假設作爲認識者的科學家，和作爲「自在」存在的研究對象之間，是可以分離的。見Soper, pp. 52-3。

4 見Heidegger，關於人道主義的書信，《海德格爾選集》，頁358-406。

5 Soper 指出，人道主義這個概念非常明顯地表現了英美分析哲學和歐路理論之間的分離，這是因爲儘管此一概念在英美哲學主流中幾乎

沒有什麼專門意義，它在歐陸（特別是法國）理論的詞彙中，卻從十九世紀中葉起就有了習慣用法，並存在相當獨特的哲學內涵。在法國哲學的意義上，人道主義被指稱於人類中心主義，而其被反人道主義攻擊的理由是，人道主義完全將希望放在擁有理性和科學的人類，並將這種人予以神化。如阿圖塞的反人道主義，即是此種脈絡下的意義。參見Soper, pp. 3-19。

6 由於現代社會產生的物質和文化變遷，使得知識份子的性質和功能也逐漸被改變，Boggs指出，在一個將資本主義合理化的時期，隨著知識份子的作用變得更加融入技術專家治國論的大學、大眾媒體、專業市場和公司──政府體系之中，現代性的勝利似乎已經破壞了他們的政治作用。技術專家治國型知識份子階層的擴張是以高度工業化的社會為特徵的，是深刻的物質力量和文化力量的表現形式，這些力量已經摧毀了傳統知識份子的社會基礎。技術專家治國型知識份子的成長，在美國最為明顯，自二十世紀五〇年代以來，政府、產業和大學的合作努力已經產生了一個無所不包的，由技術專家領導的人類計畫系統。戰後的軍事擴張加強了美國資本主義的設計規則，培養出龐大的技術人員階層（經理、科學家、工程師和學者），他們的工作對社會生活產生極大的工具化影響。這種發展情形逐漸排除知識份子的道德關注，並且支持以實用性作為知識標準。另外，科學技術作為論述的力量，是以實證主義者主宰整個學

術生活的世界觀作為動力，並成為保守的意識形態。參見Boggs, pp. 102-3, 180-3.

7 傅柯曾努力改變監獄囚犯所遭受的不平等待遇，並成立一個組織持續和政府的司法獄政做抗爭；他也曾在街頭和學生站在一起，用石頭、棍棒和政府對抗。布爾迪厄則在阿爾及利亞任教時，一面教學，一面和當地人一起進行對政府不公平政策的反抗運動；另外，他也為批判媒體而敢於得罪許多重要新聞報紙和電視媒體，包括在法國的左翼大報《世界報》。見Eribon,《權力與反抗：米歇·傅柯傳》。

8 例如Shumway指出，起初各種學科排拒關於女性的知識和作為知識生產者的女性，現在女性主義者創造了這種知識，但那些學科反而扭曲了這些研究對象。以學科為基礎的學系，不斷建構出本身的研究對象，其所生產出來的知識，卻往往割裂了女性主義的探索對象。見Shumway, David R. & Messer-Davidow, Ellen, 學科制度導論，於Wallerstein, 1999, pp. 31-3。

9 Ellwood指出，雖然全球的經濟成長明顯提高，但富國和窮國之間，以及國內的經濟差距卻在擴大，1960年時，世界人口當中，最富有的五分之一得到全球所得的70%，最貧窮的20%得到2.3%。到了1989年，最富有的20%人口，分配到的所得比率提高到82.7%，最貧窮的五分之一人口占全球所得的比率，降到1.4%。雖然如此，自

由主義經濟學家卻不願意放棄自己的信念，認爲只要將資源交給民間部門，一切都會更好。見Ellwood, p. 125-9.

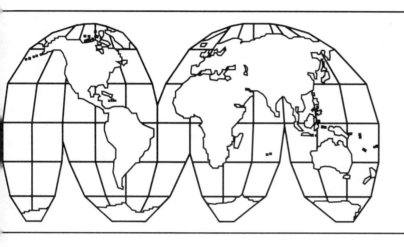

· 第五章 ·

結論——蒼白的真理之外

5

自由

淌血的斷翅在飄落

命運

在黑暗中狂奔的星辰，被取了名字

流亡

倒塌一角的斗室，有人背著牆在跑

忍耐

聽不見自己的喘息

死亡

在玄關徘徊，踏進還是出走

崇高

九尺厚的落定塵埃，埋在無辜者的身上

　　本文陳述了實證主義、後實證主義、後現代主義的知識觀，並討論傅柯和布爾迪厄的知識立場，從這些論述中，筆者認為最重要的社會科學知識論要求，是必須存在一種重視主客體關係倫理性的認識論。所謂重視主客體關係倫理性的認識論，是指研究者必須意識到自己絕非站在研究對象或客觀世界之外進行觀察，研究者自己也是涉入生活遊戲中的一份子，研究者和研究對象各自占據不同的場域，擁有不同的行動邏輯，因此研究者所希望從研究對象身上獲得的知識，

不一定和研究對象本身對生活的期待有所重疊。如果研究者所獲得的知識和研究對象的生活內涵有很大落差，這種知識也只能被封閉在學院裡面，而無法產生改變現狀的效果。或許有人會問：「為何知識的目的是改變現狀？而不是描述事實？即使客觀性的陳述不存在，或客觀性本身有讓人諸多懷疑之處，但追求各種社會現象的客觀描述仍是社會科學知識的重要目標，不管對現狀的詮釋如何被各種權力給扭曲，社會科學家都得擔負說明社會世界的責任，畢竟社會科學家是學者，而不是政治家或革命家。如果你如此堅持知識的目的是造成改變或提出批判，那麼你對知識客觀性不存在的主張，就是相互矛盾的立場」。

我的回答是：「正是因為客觀性知識不存在，因此才需要不斷的批判挑戰那些由各種權力網絡構築的詮釋，那些以客觀性外貌呈現出來的知識，幫助某些人獲取自己想要的利益或慾望，也讓某些人不自覺的深受其害。以哈伯瑪斯的分類來說，他將社會科學知識分成規範性、詮釋性和批判性的知識，就我的立場而言，規範性知識即詮釋性知識，而任何詮釋性知識皆逃不過對權力反映、鞏固、複製或開鑿、重釋甚至顛覆的作用，社會科學並不需要僅僅去追求這種詮釋性知識，因為在社會科學家說出口之前，那些知識早就被權力

安排就緒，剩下的只是編碼和註腳留待學院編纂，而學院要做的不應只是編纂註腳，而是去解譯權力符碼，找出在那些詮釋之中的隱藏物，從那些習以爲常的觀念中挖掘牽制人們生活的秘密。因此，知識的目的不是給出規範性解釋，而是批判現有的觀念」。

　　基於這個立場，實證主義不必是我們必須完全排斥的方法論，因爲實證主義雖然具有維護現狀的傾向，但只要我們能警惕許多的學術分類或既有觀念存在權力斧鑿的痕跡，那麼我們依然可以用實證主義的方法論將各種權力／知識予以解碼，例如布爾迪厄在 "Distinction" 一書中舉出各種社會行爲和文化風格的分類，可以說也部分採納了實證主義的研究方法。在孔恩、費耶本、巴柏和拉卡托斯的辯論中，巴柏和拉卡托斯所顯現的是極力追求超越歷史偏見的理性精神，但他們很大的瓶頸在於，他們仍想從理性邏輯超越歷史偏見和語句邏輯的侷限，卻難以正面回應孔恩和費耶本的挑戰，這個瓶頸在歐陸的現象學和詮釋學思維中卻得到了另一條思路，亦即在自我與他者或自我與歷史之關係下的知識，才是構成整個知識脈絡的主要框架，因爲知識的最主要內涵，不是理性的語句邏輯，而是自我與歷史的關係，以及自我與他者的互動過程，用伽達瑪的話來說，即「知識必須是分享性

的知識」，這種分享性不僅限於科學社群，而是觀乎整個社會、歷史和文化的演變。

在後現代主義的批判，我們可以看到實證主義的弊端所造成的知識和社會困境，但我們不應只注意到後現代主義破壞性的一面，在看似相對主義的遊戲背後，個人的責任倫理是開啓新的可能性的重要起點，後現代主義看到的是已經發生的無所不在的破壞，自然難以再用持續的破壞回應現狀，故解構並非破壞，而是尋求遭到現代主義摧毀後的新生機緣。在後現代主義看來，那些富麗堂皇的知識大廈早已讓我們的生活面目全非，現在要解構的不是那些真實的人，而是存在於抽象知識中的人，要重新建造的不是另一個知識宮殿，而是實實在在讓人繼續創造生活能力的世界。

後記

　　2003年3月份，美軍宣稱伊拉克藏有大批生化武器，不顧聯合國的反對逕自攻擊伊拉克，無數的伊拉克平民遂和以往的戰爭一樣——默默無名的群眾本不站在歷史舞台上，但他們被迫以性命血書這段歷史。伊拉克的兒童、婦女、老人、年輕人……在每天生活在恐懼中，或被無端殺死之時，這個世界有各式各樣的眼睛在凝視他們，包括媒體的攝影機、英美聯軍的槍管、學者的筆尖，以及遠在他方的同情者、冷漠者和反對者。在戰爭期間的新聞報導中，一幅具有象徵意義的圖像是一名十歲出頭，雙手斷去的男童「阿里」的照片。一天晚上英美聯軍的炸彈擊中他家，數十位親人全數被炸死，只剩下他——帶著被迫截去兩隻臂膀的身軀苟活著。在這張照片中，阿里兩手斷去的部分由繃帶包紮著（若有記者要求，護士會將繃帶解開給攝影師拍攝），短短幾天內有許多記者爭相把阿里拍下來，這張痛苦而絕望的表情不斷被複製在世界各地的報紙上。在記者冗長的報導中，唯獨讓我印象深刻的是阿里自己的兩句話，一句話是「就算一座

305

山也無法承受我的痛苦」，另一句是「你們（記者）只想看我流淚，但我絕不會掉淚」。

　　若有人說：「你的書滔滔不休說了後現代主義者、傅柯和布爾迪厄這些人的觀點，又寫這一段文字有何意義呢？難道要說這一切都是『客觀知識』造成的？還是由那些支持客觀性存在的人所造成的？就算我們支持客觀知識存在又如何？在歷史中，本來就必定會有犧牲者，現實主義告訴我們，國家就是會追求自己利益在所不惜的行為體，即便是戰爭。如果這是客觀存在的法則，那只是由學者們發現了它，但並未代表就賦予它正當性，要說他們支持現實主義的邏輯是鞏固不平等結構，那真是荒謬！因為這種邏輯不論你支持或反對，它就是存在。小孩被殺死，我們也只能惋惜，但就算不感到惋惜，你也無權指責我們，如果你是美國或小布希，你的行為也不會有什麼不同，因為這就是在國際社會生存的法則和結構，它迫使你這麼做。你就算要譴責世界的不義，也該去譴責美國和英國的決策者，學者的工作只是解釋這個世界，布爾迪厄和他的信徒們竟將許多學者們也當成權力結構的共謀，如果知識真是如傅柯或布爾迪厄所言，無時無刻都難以逃脫權力，那麼難道你所說的話或支持的觀點，就有資格宣稱是不受權力干擾的知識嗎？如果權力也可以滲

透到學校和教室裡，那麼由誰來解釋這個社會和世界？如果沒有對外在世界的共同認識，又如何去談改革或反抗？你支持解構、反抗，又反對客觀性、真理這些建設性的東西，看起來要不是左派幼稚病，就是還停留在盲目反叛的青春期，如果每個人都像你這樣一味反抗，那世界會垮的更快。」

我會告訴他們：「事實上，我們要譴責的不僅是客觀知識存不存在的問題，更是他們冷酷的態度。他們以為站在高處目空一切是自己對世界的洞穿嗎？以為每個人都可以理所當然的接受他們口中的法則嗎？以為每個人都可以忍受這些原本就存在的殘酷嗎？不要忘了，他們今天說這些話，是因為有太多看得見與看不見的人們在支撐他們的發言地位，除了他們個人的努力之外，如果不是因為他們的家庭資助和一些幸運，不是因為社會認為他們很重要，不是因為許多在社會其他角落默默耕耘卻不一定被看得起的人，也在共同支撐這個社會的軌道，他們如何能侃侃而談所謂的客觀知識？而如今他們不僅忘了自己的幸運，還要別人忍受痛苦──這些他們認為理所當然的痛苦，難道這也是別人應該接受的社會法則嗎？如果今天主客易位，一個可以在電視上大談美軍如何用高超的戰術攻克伊拉克，或講述國家理所當然的會以武力侵犯它國以獲得自己利益的學者，變成阿里──那個一夕

間失去所有親人和雙臂的孩子，難道他們還會樂於接受這些
『法則』嗎？如果一種知識不會被所有人欣然接受，那它就
不應該被澈底實踐；如果一個人原本信仰一種知識或客觀法
則，而處境變換就開始拒斥它，那這種知識也不可能是客觀
或絕對的。他們認爲眞理存在，那是他們自己的信仰，不要
把這些個人信仰強加在別人身上，不論他們是實證主義者、
經驗主義者，還是後實證主義者、後現代主義者、後殖民主
義者、女性主義者，也無論他們要建構什麼還是要解構什
麼，都別忘記，人的感覺和個性永遠都是無法被化約在文字
中的，他們口中的『痛』，和別人親身感受的痛，永遠是不
一樣的事情，不要以爲他們紙上的宏觀理論可以說明我什
麼，這些理論或許可以幫助他們理解世界，幫助政府制訂政
策管理我們，但它可能對我們的生活毫無幫助，也不能代表
我們，甚至還會繼續合理化壓迫社會一部分人的結構。事實
上，有沒有客觀知識根本不是那麼重要，我所希望的只不過
是捍衛生活，如果你們的紙上理論幫不了我們，那也別以眞
理之名強迫我們接受什麼東西，也別以美好的夢想主導我們
現在的生活。你說我們有什麼資格聲稱我們所說的是比他們
更客觀，不受權力左右的觀點或知識，其實我們根本不認爲
我們說的更客觀，我們也不想再被他們所欺騙，那些被承認

是客觀的知識經過大大小小的鬥爭才能屹立不搖，不是什麼被發現的東西。我們要提醒他們，不要一面窮於拼湊那些知識碎片，還一面喃喃自語：『這些本來是一整塊的⋯⋯』。你說我們像得了左派幼稚病，又說我們一味反抗，但我們要說的是，這個世界建設太多，反抗太少，說的清楚一些，這個世界以建設之名行暴力之實的事情太多，對這些虛假建設的反抗太少。看看那些在非洲幫助窮國進行「建設」的IMF、World Bank，他們沒有讓當地人的生活更好，反而讓整個國家不斷陷入背負重債的厄運，我們可以很容易的根據許多歷史文件的紀錄，去譴責左右IMF和World Bank政策的美國勢力，但支撐它們的自由主義經濟學，是不比美國霸權容易打碎的一塊鐵板[1]。這種知識令人毛骨悚然之處在於，它不是以赤裸裸的權力進行剝削，而是以人道主義、真理、客觀法則之名進行剝削，我們若對這些『客觀法則』有所抱怨，就會被認為是不理性、不客觀的人，在『客觀知識』及其所隱喻的權威性甚至道德性之下，其他持有異議的人只能噤聲不語。對那些信仰自由主義的經濟學者而言，那些深受IMF、World Bank的政策所害的人們，他們的生命只是等待客觀法則生效的一把時間之尺，只要他們活的夠久，終會見證自由主義的真理、接受資本主義的擁抱，不過很不幸的，

那些餓死的小孩不管如何堆積成山，自由主義經濟學者仍會
很樂觀地等待眞理的到來。」

　　最後，如果要針對整本書問一句：「難道認識論沒有任
何獲得客觀知識的能力嗎？哪怕是部分客觀的知識，認識論
都一無所助嗎？我們是否對權力任意進駐論述空間的情況束
手無策？有哪些話語是我們唯一可以寄望的信仰？如果什麼
都不可信任，我的生活會飄向何方？」

　　我會回答：「認識論是某群稱爲『科學社群』的人，所
戴上的眼鏡、使用的手術刀，他們以特殊的方式理解世界，
並且他們認爲這是一種用理性認識世界的方式，但即使他們
能用上帝的眼睛看世界，也無法如上帝般的活著。『科學社
群』和更多不懂認識論爲何物的人一樣在生活，而那些人也
有自己看待世界的角度和立場，即使他們也和科學社群戴上
一樣的眼鏡、操同樣的手術刀剖視世界，他們還是會像『人』
一般的活著。即便認識論可以幫助我們認識一部分的世界，
甚至它能讓我們窺見世界的全貌，但它無法教導我們如何和
其他不同的人相互容忍地共存。雖然知識以及伴隨知識的認
識論常被特定的權力結構支撐，因而容易臣服權力，但如果
我們只將認識論全然限於科學理性的層面，才會使知識對權

力束手無策。認識論不應僅是科學工具而已，它更可以是倫理實踐的方式，亦即它不是光靠文字知識去宣稱理解世界和他者，而是持續的創造自我和他者的關係，倫理的認識論是讓人對自己負責，而非讓他人決定自己的生活價值，因此，它既沒有實證主義以真理決斷倫理的獨斷性，也不是極端後現代主義的任意遊戲。

然而，即使自我和他者之間也存在權力關係，但那不必是我生彼死的鬥爭，因為自我生活的各種可能性，也必須依賴他者的生活可能性。如果我們將生活寄望於確定性的未來，只會更容易導向不斷的鬥爭，因為某種確定性的歷史目的或知識法則，只是不斷的重複將一群人的利益建立在另一群人的命運上。只有面對不確定性的未來，自我和他者才有可能被放在團結的情境中，因為不確定性的知識、信仰或歷史目的，可以避免某一群人擁有主導他人生活的正當性，沒有人會因為認為自由主義、社會主義還是資本主義是我們理所當然要朝向的目標，就規訓人們去理所當然的配合這些真理性的宣稱或政治擺布。這種不確定性帶來的不安全感，其實正是我們朝向未來的基礎，它比那種確定性的未來，更有可能讓我們仔細謹慎的籌劃生活，調適自我與他者的關係。因此問題不會是『如果沒有可信任的東西，我們的生活會飄

向何方?』,而是『若要讓我們的生活可以持續下去,期待從混亂中找到一絲光明,就得防止有人宣稱某種話語,應當成為被所有人永久堅信的理想』」。

註釋

1 關於IMF、World Bank 如何對第三世界國家進行破壞性的建設，見

Ellwood, 2002, *Globalization.*

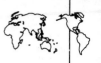

參考書目

壹、中文部分

一、中文著作、譯著

Barthes, Roland (2001)。〈偏袒〉。吳瓊譯。《傅柯的面孔》，61-69。
北京：文化藝術出版社。

Behler, Ernst (2001). *Derrida/Heidegger/Nietzsche*. 李朝暉譯。北京：社
會科學文獻出版社。

Best, Steven and Kellner, Douglas (2001). *Postmodern Theory*. 張志斌
譯。北京：中央編譯出版社。

Blanchot, Maurice (2001)。〈我想像中的米歇爾‧傅柯〉。肖莎譯。
《傅柯的面孔》，13-34。北京：文化藝術出版社。

Boggs, Carl (2002). *Intellectuals and the Crisis of Modernity*. 李俊、蔡海
榕譯。江蘇：江蘇人民出版社。

Bonnewitz, Patrice. (2002). *Premières leçons sur La sociologie de Pierre*

Bourdieu. 孫智綺譯。台北：麥田。

Bottomore, Tom. (1991). *The Frankfurt School.* 廖仁義譯。台北：桂冠。

Bourdieu, Pierre and Wacquant, Loic. (1992). *An Invitation to Reflexive Sociology.* The University of Chicago. 李康、李猛譯。北京：中央編譯出版社。

Carnep, Rudolf (1961). *Logical Structure of the World.* 蔡坤鴻譯。台北：桂冠。

Carnep, Rudolf (1970). 《卡納普與邏輯經驗論》。馮耀明譯。台北：環宇。

Gadamer, Hans-Georg (1960) Wahrheit and Method: Grundzuge einer philosophisoher Hermeneutic. 洪漢鼎譯，台北：時報。

Deleuze, Gilles (2000). *Foucault.* 楊凱麟譯。台北：麥田。

Deleuze, Gilles (2001). "What is 'dispositif'?" 汪安民譯。《傅柯的面孔》，197-205。北京：文化藝術出版社。

Dreyfus, Hubert L. and Rabinow, Paul (1992). *Michel Foucault: Beyond Structuralism and Hermeneutics.* 錢俊一譯。台北：桂冠。

Ellwood (2002). Wayne. *Globalization.* 王柏鴻譯。台北：書林。

Feyerabend, Paul (1999). *For and Against Method.* 周昌忠譯。台北：時報。

Feyerabend, Paul (1978). *Science in a free Society.* 台北：結構群。

Foucault, Michel (2001). *Les mots et les choses.* 莫偉民譯。上海：三聯。

Foucault, Michel (2001). *The Order of Discourse.* 肖濤譯。《語言與翻譯的政治》，1-31。北京：中央編譯出版社。

Foucault, Michel (1997). 'Two Lectures'. 嚴鋒譯。《傅柯訪談錄——權力的眼睛》，214-241。上海：上海人民出版社。

Foucault, Michel (1992). *Discipline and punish the birth of the prison.* 劉北成、楊遠嬰譯。台北：桂冠。

Foucault, Michel (1998). *L'archèologie du savoir.* 王德威譯。台北：麥田。

Foucault, Michel (1992). *Madness and Civilizatin a History of Insanity in the Age of Reason.* 劉北成、楊遠嬰譯。台北：桂冠。

Foucault, Michel (1990). *The History of Sexuality*, Volumes 1 & 2. 謝石、沈力譯。台北：結構群。

Frank, Manfred (2001). 〈論傅柯的話語概念〉。陳永國譯。《傅柯的面孔》，83-104。北京：文化藝術出版社。

Fraser, Nancy (2001). 'Foucault on Modern Power: Empirical Insights and Normative Confusions'。李靜韜譯。《傅柯的面孔》，122-144。北京：文化藝術出版社。

Frondize, Risieri（1970). *What is Value? An Introduction to Axiology.* 黃藿譯。台北：聯經。

Gamamer, Hans-George (1995). *HermeneutikII-Wahrheit und Methode.* 洪漢鼎、夏鎮平譯。台北：時報。

Gross, Paul R , Levitt, Norman (2001). *Higher Superstitution, The Academic Left and Its Quarrels with Science.* 陳瑞麟、薛清江譯。台北：新新聞。

Habermas, Jürgen (2001). *Knowledge and Human Interests.* 郭官義、李黎譯。台北：風雲論壇出版社。

Habermas, Jürgen (1999). *Technik und Wissenschaft als "Ideologie".* 李黎、郭官義譯。上海：學林出版社。

Heidegger, Martin (1993). *Unterwegs zur Sprache.* 孫周興譯。台北：時報。

Husserl, Edmund G. A. (1994).《歐洲科學危機和超驗現象學》。張慶熊譯。台北：桂冠。

Kolakowski, Leszek (1988).《理性的異化——實證主義思想史》。高俊一譯。台北：聯經。

Kuhn, Thomas (1962). *The Structure of Scientific Revolutions.* 程樹德、傅大為、王道還、錢永祥譯。台北：遠流。

Kuhn,Thomas (1989). *The Essential Tension.* 程起銘譯。台北：結構群。

Lakatos, Imre (1978). *The Methodology of Scientific Research Programmes.* 于秀英譯。台北：結構群。

Lakatos and Alan Musgrave eds (2001). 《批判與知識的增長》。周寄中譯。台北：桂冠。

Lyotard, Jean-Fransois (1996). *La Condition Postmoderne- Rapport Sur le Savoir.* 島子譯。湖南：湖南美術出版社。

Mannheim, Karl （2000). *Ideology and Utopia.* 黎鳴、李書崇譯。北京：商務。

McCloskey, Donald N. ect. (2000). *The Rhetoric of Social Sciences.* 許寶強等編譯。上海：三聯。

Mcnay, Lois (2002). *Michel Foucault.* 賈湜譯。哈爾濱：黑龍江人民出版社。

Nietzsche, F (2000). *Der Wille Zur Macht.* 《權力意志》。張念東、凌素心譯。北京：中央編譯出版社。

Outhwaite, William (2002). *Jurgen Habermas.* 沈亞生譯。哈爾濱：黑龍江人民出版社。

Popper, Karl R. (1944/1965). *Open Society and it's enemies.* 李英明、莊文瑞編譯。台北：桂冠。

Popper, Karl R. (1972). *Objective Knowledge- An Evolutionary Approach.* 程實定譯。台北：結構群。

Pusey, Michael (1989). *Jürgen Habermas.* 廖仁義譯。台北：桂冠。

Quattrocchi, Angelo and Nairn, Tom (1998). *The Beginning of the End:*

France, May 1968. 趙剛譯註。台北：聯經。

Reichenbach, Hans (1951). *The Rise of Scientific Philosophy.* 吳定遠譯。台北：水牛。

Robins, Bruce (2000). *The Cultural Left In Globalization.* 徐曉雯譯。北京：中國社會科學出版社。

Rorty, Richard (1994). *Philosophy and the Mirror of Nature.* 李幼蒸譯。台北：桂冠。

Rorty, Richard (1998). *Contingency, Irony and Solidarity.* 徐文瑞譯。台北：城邦。

Said, Edward.W (1999). *Orientalism.* 王宇根譯。上海：三聯書店。

Said, Edward.W (1997). *Representations of the Intellectual.* 單德興譯。台北：麥田。

Said, Edward.W (2001). *Culture and Imperialism.* 蔡源林譯。台北：立緒。

Schutz, A (1991). *The Phenomenology of Social World.* 盧嵐蘭譯。台北：桂冠。

Sheridan, Alan (1997). *Michel Foucault:The will to Truth.* 尚志英、許林譯。地點：上海人民出版社。

Smart, Barry (2001).〈論傅柯著作中的性、倫理和政治主題〉。陳永國譯。《傅柯的面孔》，318-345。北京：文化藝術出版社。

Sokal, Alan, Bricmont, Jean (2001). *Fashionable Nonsence* 蔡佩君譯。台北：時報。

Soper, Kate (1999). *Humanism and Anti-humanism.* 廖申白、楊清榮譯。北京：華夏出版社。

Vaillancourt Rosenau, Pauline (1992). *Post-modernism and the Social Science.* 張國清譯。上海：上海譯文出版社。

Wallerstein, Immanuel 、 Juma, Calestous 、Keller, Evelyn Fox 、Kocka, Jurgen 、Lecourt, Dominique 、Mudimbe, Valentin Y 、Mushakoji, Kinhide 、Prigogine, Ilya 、Taylor, eter J. and Trouillot, Michel-Rolph. (1996) *Open the Social Sciences Report of the Gulbenkian Commission on the Restructuring of the Social Sciences.* 劉鋒譯。香港：牛津大學出版社。

Wallerstein, Immanuel (1999). 《學科‧知識‧權力》，劉建芝等編譯。香港：牛津大學出版社。

Weber, Marx (1998). *Wissenschaft Als Beruf and Politik Als Beruf.* 學術與政治。馮克利譯。上海：三聯。

Weedon, Chris (1987). *Feminist practice and Poststructuralist theory.* 白曉紅譯。台北：桂冠，1994 年。

Wittgenstein, Ludwig (1922/1974). *Tractatus Logico-Philosophicus.* 賀紹甲譯。北京：商務。

Wolin, Richard (2001). *The Terms of Cultural Criticism*. 張國清譯。北京：商務。

王岳川 (2001)。《後殖民主義與新歷史主義文論》。山東：山東教育出版社。

王岳川 (1999)。《現象學與解釋學文論》。山東：山東教育出版社。

王曉林 (1998)。《證僞之維——重讀波普爾》。四川：四川人民出版社。

石之瑜 (2001)。《政治學的知識脈絡》。台北：五南。

江天驥 (1988)。《當代西方科學哲學》。新店：谷風。

阮新邦 (1999)。《批判詮釋與知識重建，哈伯瑪斯視野下的社會研究》。北京：社會科學文獻出版社。

汪文聖 (2001)。《現象學與科學哲學》。台北：五南。

邱天助 (2002)。《布爾迪厄文化再製理論》。台北：桂冠。

金吾倫 (1994)。《托馬斯‧庫恩》。台北：遠流。

孟樊、鄭祥福主編 (1997)。《後現代學科與理論》。台北：生智。

洪謙 (1990)。《邏輯經驗主義論文集》。香港：三聯書店。

洪謙 (1996)。《維也納學派哲學》。台北：唐山。

洪漢鼎 (2001)。《理解的真理——解讀伽達默爾「真理與方法」》。濟南：山東人民出版社。

涂成林 (1998)。《現象學的使命》。地點：廣東人民出版社。

高宣揚(1991)。《解釋學簡論》。台北：遠流。

高宣揚(1999)。《後現代論》。台北：五南。

高宣揚(2002)。《布爾迪厄》。台北：生智。

徐崇溫(1980)。《法蘭克福學派述評》。台北：谷風。

張宇韶(2001)。〈論法國「一九六八年五月」事件〉。碩士論文。

張志林、陳少明(1995)。《反本質主義與知識問題——維根斯坦後期
　　哲學的擴展研究》。廣東：廣東人民出版社。

陳振明(1992)。《法蘭克福學派與科學技術哲學》。北京：中國人民大
　　學出版社。

舒光(1993)。《科學哲學導論》。台北：水牛。

黃光國(2001)。《會科學的理路》。台北：心理。

黃光國(2002)。《科學哲學與創造力》。台北：立緒。

黃瑞祺(1996)。《批判社會學——批判理論與現代社會學》。台北：三
　　民。

傅大為(1992)。《異時空裡的知識追逐》。台北：東大。

蔡美麗(1990)。《胡賽爾》。台北：東大。

劉大椿(1997)。《科學哲學》。大陸：人民出版社。

二、中文期刊

林淑芬（2001）。〈權力關係與主體：一個系譜式的思考〉（修正版）。中央研究院中山人文社會科學研究所《公民與國家》研討會。

林崇熙（1998）。〈常態科學的政治經濟學〉。《當代》，132。

姚人多（2000a）。〈論傅柯的（主體與權力）〈上〉〉。《當代》，150，126-133。

姚人多（2000b）。〈論傅柯的（主體與權力）〈下〉〉。《當代》，151，108-133。

徐振國（2001）。〈論科學方法論與詮釋學方法論之整合——製作「政治經濟研究資料庫」之啟示〉。《佛光人文社會學刊》，1，243-264。

貳、英文部分

一、英文著作

Achinstein, P & Baker, S. F. (1969). *The Legacy of Logical Positivism: studies in the philosophy of science*. The Johns Hopkins Press.

Apperley, Alan (1997). "Foucault and the Problem of Method". *The Impact of Michel Foucault on the Social Sciences and Humanities*. Eds Moya Lloyd and Andrew Thacker. pp. 10-28. Macmillan Press.

Arac, Jonathan (1988). edit. *After Foucault: Humanistic Knowledge, Postmodern Challenges*. (New Brunswick: Rutgers University Press)

Archer, Margaret、Bhaskar, Roy、Collier, Andrew、Lawson, Tony and Norrie, Alan. (1998) *Critical Realism*, London and New York: Routledge.

Ayer, Alfred Jules (1946). *Language Truth and Logic*. New York: Dover ublications, INC.

Barrett, Michele. (1991). *The politics of truth: from Marx to Foucault*. Cambridge, UK: Polity press.

Barthes, Roland (1988). *The semiotic challenge*. Trans. Richard Howard. Oxford: Blackwell.

Barthes, Roland (1989). *Mythologies. Trans. Annette Lavers*, New York: Noodday Press.

Bell, Daniel (1973). *The Coming of Post-Industrial Society*, New York: Basic Books.

Benton, Ted and Craib, Ian. (2001). *Philosophy of Social Science, The Philosophical Foundations of Social Thought*. New York: Palgrave.

Bernstein, Richard J. (1976). *The Restructuring of Social and Political Theory*. New York and London: Harcourt Brace Jovanovich.

Bhaskar, Roy (1998). *The Possibility of Naturalism-A philosophical Critique of the Contemporary Human Sciences*. London and New York: Routledge.

Bourdieu, Pierre (1977). *Outline of a Theory of Practice*. Trans. Richard Nice. Cambridge University.

Bourdieu, Pierre (1988). *Homo Academicus*. Trans. Peter Collier. UK: Polity press.

Bourdieu, Pierre (1990a). *In Other Words*. Trans. J. D. Wacquant. UK: Polity Press.

Bourdieu, Pierre and Passeron, Jean-Claude (1990b). *Reproduction in Education, Society and Culture*. Trans. Richard Nice. London: Sage Publications.

Bourdieu, Pierre (1991). *Language and Symbolic Power*. Trans. Gino Raymond and Matthew Adamson. UK: Polity Press.

Bourdieu, Pierre; Chamboredon, Jean-Claude and Passeron, Jean-Claude (1991). *The Craft of Sociology: Epistemological Preliminaries*. Trans. Richard Nice, Berlin & New York: Walter de Gruyter.

Bourdieu, Pierre (1993). *Sociology in Question*. Trans. Richard Nice.

London: Sage Publications.

Bourdieu, Pierre; Paseron, Jean-Claude and de Saint Martin, Monique (1994). *Academic Discourse: Linguistic Misunderstanding and Professorial Power*. Trans. Richard Teese, UK: Polity Press.

Bourdieu, Pierre (1996). *The State Nobility: Elite Schools In the Field of Power*. Trans. Lauretta C. Clough. UK: Polity Press.

Bourdieu, Pierre (1998a). *Acts of Resistance: Against the New Myths of Our Time*. Trans. Richard Nice. UK: Polity Press.

Bourdieu, Pierre (1998b). *Practical Reason: On the Theory of Action*. UK: Polity Press.

Bourdieu, Pierre (2000). *Pascalian Meditations*. Trans. Richard Nice. UK: Polity Press.

Bourdieu, Pierre (2001). *Masculine Domination*. Trans. Richard Nice. UK: Polity Press.

Boyne, Roy. (1990). *Foucault and Derrida: The Other Side of Reason*. London; Boston: Unwin Hyman.

Brubaker, Rogers (1993). "Social Theory as Habitus". *Bourdieu: Critical Perspectives*. Eds. Craig Calhoun, Edward LiPuma and Moishe Postone. Polity Press. pp. 212-234.

Bryant, Christopher G. A. and Jary, David eds (1991). *Giddens' Theory of*

Structuration: A Critical Appreciation. London: Routledge.

Calhoun, Craig (1993). "Habitus, Field, and Capital: The Question of Historical Specificity". *Bourdieu: Critical Perspectives*. Eds. Craig Calhoun, Edward LiPuma and Moishe Postone. Polity Press. pp. 61-88.

Cicourel, Aaron V (1993). "Aspects of Structural and Processual Theories of Knowledge". *Bourdieu: Critical Perspectives*. Eds. Craig Calhoun, Edward LiPuma and Moishe Postone. Polity Press. pp. 89-115.

Collier, Andrew (1989). Scientific Realism and Socialist Thought. Lynne Rienner Publishers.

Collins, James (1993). "Determination and Contradiction: An Appreciation and Critique of the Work of Pierre Bourdieu on Language and Education". *Bourdieu: Critical Perspectives*. Eds. Craig Calhoun, Edward LiPuma and Moishe Postone. Polity Press. pp. 116-138.

Comte, A. (1908/1953). *A General View of Positivism*. Stanford, Calif.: Academic Reprints.

Coward, Rosalind and Ellis, John (1977). *Language and Materialism*, London: Routledge and Kegan Paul.

Dant, Tim (1991). *Knowledge, Ideology and Discourse: A Sociological Perspective*, London and New York: Roultedge.

Dean, Jodi eds (2000). *Cultural Studies and Political Theory*. Cornell

University.

Deleuze, Gilles and Guattari, Flix (1987). *A Thousand Plateaus*, Minneapolis: University of Minnesota Press.

Descombes, Vincent (1980). *Modern French Philosophy*, Combridge: Cambridge University Press.

Derrida, Jacques (1976). *Of Grammatology*, Hohns Hopkins University Press, Fifth printing, 1982.

Derrida, Jacques (1978). *Writing and Difference*, trans by Routledge and Kegan Paul Ltd.

Dreyfus, Hubert L. and Rabinow, Paul (1993). "Can there be a Science of Existential Structure and Social Meaning? " . *Bourdieu: Critical Perspectives*. Eds. Craig Calhoun, Edward LiPuma and Moishe Postone. Polity Press. pp. 35-44.

Foucault, Michel (1979). "Truth and power: an interview with Alessandro Fontano and Pasquale Pasquino" , Morris, Meaghan and Patton, Paul (eds) *Michel Foucault: Power/Truth/Strategy*, Feral Publications.

Foucault, Michel (1977a). 'Nietzsche, Genealogy, History ' . Trans. Donald Bouchard and Sherry Simon. In *Language, Counter-memory, Practice: Selected Essays and Interviews*. Eds. Donald F. Bouchard. Trans. Donald F. Bouchard and Sherry Simon. New York: Cornell

University Press.

Foucault, Michel (1977b). 'Intellectuals and Power'. Trans. Donald Bouchard and Sherry Simon. *Language, Counter-memory, Practice: Selected Essays and Interviews*. Eds. Donald F. Bouchard. Trans. Donald F. Bouchard and Sherry Simon. New York: Cornell University Press.

Foucault, Michel (1977c). 'Revolutionary Action: Until Now'. Trans. Donald Bouchard and Sherry Simon. In *Language, Counter-memory, Practice: Selected Essays and Interviews*. Eds. Donald F. Bouchard. Trans. Donald F. Bouchard and Sherry Simon. New York: Cornell University Press.

Foucault, Michel (1980). *Power/Knolwedge, Selected Interiews and Other Writhings 1972-1977*. The Harvester Press.

Foucault, Michel (1982). 'The Subject and Power', Afterword to *Michel Foucault: Beyond Structuralism and Hermeneutics*. by Hubert L. Dreyfus and Paul Rabinow. (1982/1992) p. 267-289.

Foucault, Michel (1984). 'On the Genealogy of Ethics: An Overview of Work in Progress'. In *The Foucault Reader*, ed. Paul Rabinow. New York: Pantheon.

Foucault, Michel (1988). 'The Political Technology of Individuals', In

Technologies of the Self. p. 145-162. The University of Massachusetts Press.

Foucault, Michel (1994). *Dits et écrits.* Vol. IV. Paris: Gallimard.

Foucault, Michel (1997). 'What is Enlightenment?' In *Ethics: Subjectivity and Truth, Essential works of Foucault 1954-1984.* pp. 303-320. Eds Paul Rabinow. Trans. Robert Hurley and others.

Frank, Manfred (1989). *What is Neo-Structuralism?*, Minneapolis: University of Minnesota Press.

Garnham, Nicholas (1993). "Bourdieu, the Cultural Arbitrary, and Television". *Bourdieu: Critical Perspectives.* Eds. Craig Calhoun, Edward LiPuma and Moishe Postone. Polity Press. pp. 178-192.

Giddens, Anthony (1982). *Profiles and Critiques in Social Theory.* University of California Press.

Giddens, Anthony (1984). *The Constitution of Society.* Cambridge: Polity Press.

Gordonl, Colin. Eds (1980). *Power/knowledge: selected interviews and other writings, 1972-1977/ Michel Foucault,* translated by Colin Gordon. New York: Pantheon Books.

Grimm, Ruediger Hermann (1977). *Nietzsche's Theory of Knowledge.* Berlin, New York: de Gruyter.

Haber, Honi Fern (1994). *Beyond postmodern politics: Lyotard, Rorty, Foucault.* New York: Routledge.

Habermas, Jürgen (1984). *Reason and the Rationalisation of Society.* T. McCarthyBeacon Press and Heinemann.

Hacking, Ian (1986). ' The Archaeology of Foucault ', In *Foucault: A Critical Reader.* pp. 27-40. Eds. Hoy, David Couzens, 1986.

Hanfling, Oswald (1981). *Logical Positivism.* Oxford: Basil Blackwell Publisher Ltd.

Harding, Sandra eds (1987). *Feminism and Methodology.* Undiana University Press.

Harding, Sandra (1991). *Whose Science? Whose Knowledge?* Cornell University press.

Harker, Richard 、Mahar, Cheleen and Wilkes, Chris (1990). *An Introduction to the Work of Pierre Bourdieu-The Practice of Theory.* The Macmillan Press Ltd.

Havas, Randall (1995). *Nietzsche's Genealogy-Nihilism and the will to knowledge.* Ithaca and London: Cornell University press.

Heidegger, Martin (1927). *Being and Time.* Trans. John Macquarrie and Edward Robinson. New York: Harper, 1962.

Heilbron, Hohan. Magnusson, Lars and Wittrock, Bjorn eds (1996). *The*

Rise of the Social Sciences and the Formation of Modernity, Conceptual Change in Context, 1750-1850. Kluwer Academic Publishers.

Hiley, David (1984). 'Foucault and the Analysis of Power: Political Engagement Without Liberal Hope or Comfort' . *Praxis International* 4 (July): 192-207.

Hindess, Barry (1996). *Discourses of Power: from Hobbes to Foucault*. USA: Blackwell Publishers.

Hollis, Martin (1994). *The Philosophy of Social Science, An Introduction*. Cambridge University Press.

Hookway, Christopher and Pettit, Philip eds (1978). *Action and Interpretation, Studies in the Philosophy of the Social Sciences*. London: Cambridge University Press.

Howarth, David (2000). *Discourse*. Open University press.

Jameson, Fredric (1972). *The Prison House of Language*, Princeton: Princeton University Press.

Jenkins, Richard (1992). *Pierre Bourdieu*. London: Routledge.

Jones, David Martin (2001). *The Image of China in Western Social and political Thought*. New York: Palgrave.

Kirk, Robert (1999). *Relativism and Reality- A contemporary introduction*.

London and New York: Routledge.

Kraft, Victor (1969). *The Vienna Circle*. Greenwood Press, publishers.

Kraft, Victor (1973). *Foundations for a Scientific Analysis of Value*. D. Reidel Publishing Company.

Laclau, Ernesto and Mouffe, Chantal (1985). *Hegemony and socialist strategy: towards a radical democratic politics*. Trans. Winston Moore and Paul Cammack, London: Verso.

Lash, Scott (1993). "Pierre Bourdieu: Cultural Economy and Social Change". *Bourdieu: Critical Perspectives*. Eds. Craig Calhoun, Edward LiPuma and Moishe Postone. Polity Press. pp. 193-211.

Lash, Scott (1999). *Another Modernity*. Blackwell Publishers Ltd.

Little, Daniel (1991). *Varieties of Social Explanation, An Introduction to the Philosophy of Social Science*. Colgate University.

Lovell, Terry (2000). "Thinking Feminism With And Against Bourdieu" *Reading Bourdieu on Society and Culture*. Eds. Bridget Fowler. Blackwell Publishers. pp. 27-48.

Manicas, Peter T. (1987). *A History and Philosophy of the Social Sciences*. New York: Basil Blackwell Ltd.

March, David and Stoker, Gerry eds (1995). *Theory and Methods in Political Science*. New York: St. Martin's Press.

May, Todd (1993). *Between genealogy and epistemology: psychology, poli-tics, and knowledge in the thought of Michel Foucault.* Pennsylvania State University Press.

Motterlini, Matteo eds (1999). *For and Against Method, Including Lakatos's Lectures on Scientific Method and the Lakatos- Feyerabend Correspondence.* Chicago and London: The University of Chicago Press.

Mills, Sara (1997). *Discourse.* London and New York: Routledge.

Outhwaite, William (1987). *New philosophies of Social Science: Realism, Hermeneutics and Critical Theory.* Macmillan Education Ltd.

Parekh, Bhikhu (1982). *Marx's theory of Ideology*, Johns Hopkins University Press.

Poulantzas, Nicos(1980) *State, Power, Socialism.* Trans. Patrick Camiller. London: Verso.

Poster, Mark (1975). *Existential Marxism in Postwar France*, Princeton: Princeton University Press.

Popper, Karl R. (1980). *The Logic of Scientific Discovery.* Tenth ed. Hutchinson and Co. Ltd.

Preston, John eds (1999). *Paul K. Feyerabend: Knowledge, Science and Relativism.* Cambridge University Press.

Rabinow, Paul and Sullivan, William M. (1987). *Interpretive social science: a second look*. Berkeley: University of California Press.

Rorty, Richard (1986). 'Foucault and Epistemology'. In *Foucault: A Critical Reader, Eds. Hoy, David Couzens*. p. 41-50. Oxford: Basil Blackwell, 1986.

Rorty, Richard (1991). *Objectivity, Relativism, and Truth*. New York: Cambridge University Press.

Sayer, Andrew (1992). *Method in Social Science-A realist approach*. London and New York: Routledge.

Saussure, Ferdinand de (1966). *Course in General Linguistics*, New York: McGraw-Hill.

Sayer, Andrew (2000). *Realism and Social Science*. SAGE Publications Ltd.

Simons, Jon. (1995). *Foucault and the political*. London and New York: Routledge.

Spivak, Gayatri Chakravorty (1988). "Can the Subaltern Speak?", In *other worlds: essays in cultural politics*. New York: Routledge.

Swartz, David (1997). *Culture & Power: The Sociology of Pierre Bourdieu*. Chicago and London: The University of Chicago Press.

Taylor, Charles (1993). "To Follow a Rule …". *Bourdieu: Critical*

Perspectives. Eds. Craig Calhoun, Edward LiPuma and Moishe Postone. Polity Press. pp. 45-60.

Wagner, Peter. Wittrock, Bjorn and Whitley, Richard eds (1991). *Discourses on Society, The Shaping of the Social Science Disciplines*. Kluwer Academic Publishers.

Yahuda, Michael B. ed (1987). *Directions in the Social Sciences and Humanities in China*. The Macmillan Press Ltd.

二、英文期刊

Cumings, Bruce. "Boundary Displacement: Area Studies and International Studies during and after the Cold War" in *Bulletin of Concerned Asian Scholars* Vol. 29.

Schubert, J. Daniel (1995). "From a Politics of Transgression toward and Ethics of Reflexivity: Foucault, Bourdieu, and Academic Practice", in *American Behavioral Scientist*, Vol. 38 Issue 7, p. 1003, 15p.

知識與權力

知識與權力

知識與權力

著　　者╱李偉俠

出 版 者╱揚智文化事業股份有限公司

發 行 人╱葉忠賢

總 編 輯╱林新倫

登 記 證╱局版北市業字第1117號

地　　址╱台北市新生南路三段88號5樓之6

電　　話╱(02)2366-0309

傳　　眞╱(02)2366-0310

E-mail╱service@ycrc.com.tw

網　　址╱http://www.ycrc.com.tw

郵撥帳號╱19735365

戶　　名╱葉忠賢

法律顧問╱北辰著作權事務所　蕭雄淋律師

印　　刷╱鼎易印刷事業股份有限公司

初版一刷╱2005年1月

定　　價╱新台幣400元

ＩＳＢＮ╱957-818-699-1

國家圖書館出版品預行編目資料

知識與權力 / 李偉俠著. -- 初版. -- 臺北市
：揚智文化, 2005[民94]
　面； 公分
參考書目：面
ISBN 957-818-699-1(平裝)

1. 知識論
161　　　　　　　　　　　93024078